큰별쌤 최태성의 별★별 한국사 ❷ 삼국 시대와 남북국 시대

초판 1쇄 발행 2021년 10월 20일 | 초판 19쇄 발행 2025년 12월 3일
글 최태성 | 그림 김선배 | 연구 별★별한국사연구소 곽승연 이상선 김혜진 | 펴낸이 최순영
교양 학습 팀장 김솔미 | 편집 김희선, 최란경 | 키즈 디자인 팀장 이수현 | 디자인 하늘·민
펴낸곳 (주)위즈덤하우스 | 출판등록 2000년 5월 23일 제13-1071호 | 주소 서울특별시 마포구 양화로 19 합정오피스빌딩 17층
전화 02) 2179-5600 | 홈페이지 www.wisdomhouse.co.kr | 전자우편 kids@wisdomhouse.co.kr

글 ⓒ 최태성, 그림 ⓒ 김선배, 2021
ISBN 979-11-91766-73-8 74910 · 979-11-91766-71-4(세트)

*이 책의 전부 또는 일부 내용을 재사용하려면 반드시 사전에 저작권자와 ㈜위즈덤하우스의 동의를 받아야 합니다.
*인쇄·제작 및 유통상의 파본 도서는 구입하신 서점에서 바꿔드립니다.
*책값은 뒤표지에 있습니다.

일러두기
1. 띄어쓰기와 맞춤법은 국립국어원 표기 원칙에 따랐습니다.
2. 지명, 유물명, 지도와 같은 자료는 주로 초등학교 사회 교과서와 중학교 역사 교과서(비상교육)를 참고하였습니다.
3. 본문에 나오는 책이나 신문의 이름에는 《 》를, 그림이나 글의 제목에는 〈 〉를 붙였습니다.
 단, 그림이나 사진 설명에는 예외를 두었습니다.

2
삼국 시대와 남북국 시대

큰별쌤 최태성의
별★별
한국사

글 최태성 · 그림 김선배

위즈덤하우스

 **들어가는 글**

안녕? 한국사 길잡이 큰★별쌤이에요.

　요즘 한국사는 영어보다 더 귀한 대접을 받고 있는 듯합니다. 공무원, 공사, 학교, 사기업 할 것 없이 한국사 자격증을 요구하고 있기 때문입니다. 49만 명이 응시하는 대학수학능력시험보다 더 많은 응시생인 53만 명이 응시하는 한국사능력검정시험이 한국사 열풍의 근거라 할 수 있습니다.

　초등학교 역시 예외는 아닙니다. 한국사능력검정시험에 응시할 뿐 아니라 제가 운영하는 유튜브 최태성1tv에서 매주 금요일 라이브 방송이 열리면 초등학생들이 많이 참여합니다. 기특하게도 초등학생들은 점잖게 게시판 예의도 잘 지킵니다.

　역사는 사실을 암기해서 시험 문제를 푸는 과목이 아닙니다. 역사는 사람을 만나는 인문학입니다. 과거의 사람을 마주하며 그 사람의 삶을 통해 자신이 어떻게 살 것인지를 고민하는 지점이 형성되었을 때 비로소 우리는 역사를 배웠다고 할 수 있습니다. 《큰별쌤 최태성의 별★별 한국사》를 집필하면서 여러분들에게 꼭 알려 주고 싶은 것도 이 부분입니다. 또 개별적 사실만을 많이 알고 있는 것보다 하나의 사실을 알더라도 그 사실이 가지고 있는 의미를 자신의 삶에 적용시켜 볼 수 있도록 했습니다. 역사는 과거와 현재의 대화라는 명제를 녹여 보고 싶었습니다.

　예를 들면, 우리나라 최초의 국가 고조선을 이야기하면서 고조선의 건국 이념이 홍익인간이라는 단순한 사실을 알려 주는 데 그치지 않고, 누군가에게 도움을 주기 위해, 세상을 더 건강하게 만들기 위해 세워진 나라가 고조선이라는 점을 이야기하고 싶었습니다. 우리나라 출발이 그러한 역사를 가지고 있으니 이 책을 읽는 여러분들 역시 어떤 도움을 줄 수 있을지 고민해 보자고 이야기하고 싶었습니다.

학생들에게 꿈을 물어보면 예외 없이 판사, 의사, 변호사, 교사처럼 명사로만 답을 합니다. 그러나 명사로 답한 꿈은 그저 직업일 뿐입니다. 그 직업을 가지고 자신이 누군가에게 어떤 도움을 줄 수 있을지 고민하고 실천하는 동사의 꿈을 이야기해 주면 좋겠습니다. 사람이 사람다워짐은 바로 연대하고 협력하는 모습일 때라는 걸 잊지 말았으면 합니다.

이 책은 꿈을 꾸었던 과거의 사람들을 만나면서 자신의 꿈도 동사로 만들어 가는 여러분들의 모습을 상상하며 설레는 마음으로 썼습니다. 역사적 사실을 차분하게 알려 주면서, 사실들의 여백 속에 동사의 꿈을 자극하고 영감을 줄 수 있는 글을 채우려 노력했습니다.

이 책을 읽은 여러분들이 한국사능력검정시험에 도전해 보면 좋겠습니다. 또 책을 읽으면서 역사를 바라보는 건강한 시선을 갖추면 좋겠습니다. 여러분들이 건강한 시민으로 성장하면, 여러분들이 이끌 대한민국은 더 사람 내음 나는 행복한 세상이 될 겁니다.

아무쪼록 재미있게, 의미있게 《큰별쌤 최태성의 별★별 한국사》를 즐겨 주길 바라며, 이 책을 읽는 여러분들의 건강한 성장을 응원하며 글을 마칩니다.

한국사 길잡이 큰별쌤 최태성 올림

 **차례**

1. 삼국과 가야의 건국 · 10
- 고구려의 건국 · 12
- 백제의 건국 · 16
- 신라의 건국 · 18
- 가야의 건국 · 20
  - 큰★별쌤 한판 정리 · 22
  - 큰★별쌤 별별 퀴즈 · 24
  - 큰★별쌤 별별 특강 · 26
  - 도전! 한국사능력검정시험 · 28

2. 삼국과 가야의 발전 · 30
- 백제의 성장과 발전 · 32
- 고구려의 성장과 발전 · 34
- 신라의 성장과 발전 · 38
- 가야의 발전과 멸망 · 44
  - 큰★별쌤 한판 정리 · 46
  - 큰★별쌤 별별 퀴즈 · 48
  - 큰★별쌤 별별 특강 · 50
  - 도전! 한국사능력검정시험 · 52

3. 삼국과 가야의 사회와 문화 · 54
- 고구려의 무덤 · 56
  - 별별 역사 속으로 ● 고구려 사람들은 어떻게 살았을까? · 58
- 백제의 무덤 · 60
  - 별별 역사 속으로 ● 무령왕릉에서 발견된 백제 유물은 무엇일까? · 62
- 신라의 무덤 · 64
  - 별별 역사 속으로 ● 신라 고분에서 발견된 신라 유물은 무엇일까? · 66
- 가야의 무덤 · 68
  - 별별 역사 속으로 ● 가야의 고분에서 발견된 가야 유물은 무엇일까? · 69
- 삼국의 불교 문화 · 70
  - 별별 역사 속으로 ● 백제 금동 대향로에 대해 알아볼까? · 74
  - 별별 역사 속으로 ● 경주 첨성대에 대해 알아볼까? · 76
- 삼국과 가야의 대외 교류 · 78
  - 큰★별쌤 한판 정리 · 82
  - 큰★별쌤 별별 퀴즈 · 84
  - 큰★별쌤 별별 특강 · 86
  - 도전! 한국사능력검정시험 · 88

4. 삼국의 통일 · 90

고구려의 위기 · 92
백제와 고구려의 멸망 · 96
삼국 통일 · 98

큰★별쌤 한판 정리 · 100
큰★별쌤 별별 퀴즈 · 102
큰★별쌤 별별 특강 · 104
도전! 한국사능력검정시험 · 106

5. 남북국 시대 · 108

통일 신라의 발전 · 110
통일 신라의 사회 · 112
불교 예술의 발달 · 114
발해의 건국과 발전 · 118
발해의 문화 · 120

큰★별쌤 한판 정리 · 122
큰★별쌤 별별 퀴즈 · 124
큰★별쌤 별별 특강 · 126
도전! 한국사능력검정시험 · 128

정답 · 130
찾아보기 · 131
사진 제공 · 132

⭐ 책 구성 소개

> 역사는 사람입니다. 역사 속 사람들의 삶과
> 지금 우리의 삶이 다르지 않다는 것을 한국사 여행을 통해 배웁니다.
> 큰별쌤과 함께 신나는 한국사 여행을 떠나 볼까요?

★ 각 단원에서 다룰 내용을 간추려 **핵심 내용만 요약**했어요.
★ 각 단원에 있는 **QR 코드**로 최태성 선생님의 강의를 들을 수 있어요.

★ 꼭 알아야 할 핵심 단어와 핵심 문장을 **제목으로** 구성해
역사 흐름이 한눈에 보여요.

> 500만 수강생이 들은
> 한국사 1타 강사 최태성
> 선생님이 핵심만 쏙쏙!

고구려의 위기 ★ 수와 당의 침입을 막아 내다

백제와 고구려의 멸망 ★ 나·당 연합군에 멸망하다

삼국 통일 ★ 신라가 당을 물리치고 삼국을 통일하다

백제와 고구려가 쉽게 사라졌을까? 그건 아니었단다. 멸망한 백제와 고구려의 백성들은 순순히 항복하지 않고 나라를 다시 세우기 위한 부흥 운동을 전개했지.

큰★별쌤 한판 정리

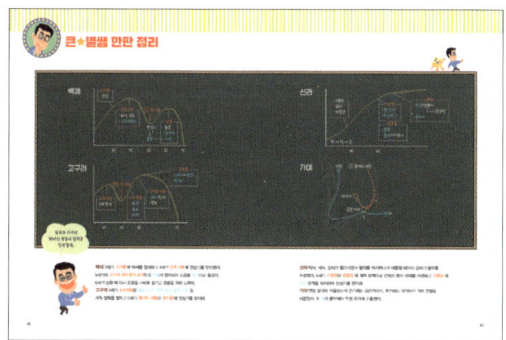

★ 한판 정리로 깔끔하게 한국사를 정리해요.

큰★별쌤 별별 퀴즈

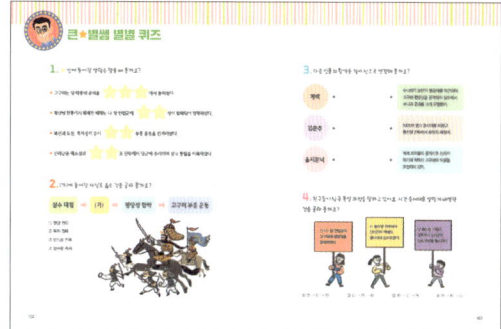

★ 별별 퀴즈로 공부한 내용을 확인해요.

큰★별쌤 별별 특강

★ 역사 속 사람들을 통해 살아 있는 역사를 만나요.

도전! 한국사능력검정시험

★ 한국사능력검정시험 기출문제에 도전해 보아요.

최고예요!

큰별쌤과 함께라면 한국사 어렵지 않아요!

1. 삼국과 가야의 건국

우리는 지금까지 선사 시대 생활 모습에 대해 알아봤어. 그리고 우리 역사 최초의 나라인 고조선과 고조선 이후 철기 문화를 바탕으로 등장한 부여, 고구려, 옥저, 동예, 삼한(마한, 변한, 진한)에 대해서도 살펴봤어.

고구려는 주변 지역을 정복하면서 성장해 나갔고 백제는 마한의 소국에서, 신라는 진한의 소국 중 하나인 사로국에서 출발했단다. 삼한의 변한 지역에서 출발한 가야도 연맹 왕국을 이루며 한반도 남쪽에 자리 잡았어.

자, 그럼 삼국과 가야가 어떻게 건국되었는지 건국 이야기부터 만나 보자.

| 기원전 57 | 기원전 37 | 기원전 18 | 42년 |
| 신라 건국 | 고구려 건국 | 백제 건국 | 금관가야 건국 |

고구려의 건국 ★주몽, 고구려를 세우다

고려 시대 김부식이 편찬한 역사책《삼국사기》에 고구려 건국 이야기가 실려 있어. 고조선의 건국 이야기와 어떻게 다른지 생각하면서 읽어 보자.

하늘 나라를 다스리는 하느님(천제)에게는 해모수라는 아들이 있었다. 해모수는 물의 신 하백의 딸 유화와 사랑에 빠졌다. 하백은 유화가 부모의 허락도 받지 않고 해모수와 혼인한 것을 알고 유화를 내쫓아 버렸다.

쫓겨난 유화를 부여의 금와왕이 우연히 발견해 왕궁으로 데려가 방에 가두었다. 그러자 햇빛이 유화를 비추었다. 유화가 피해도 따라와 비추었다. 그로부터 태기가 있어 커다란 알 하나를 낳았다. 금와왕은 불길한 징조라 여기고 알을 개와 돼지에게 던져 주었다. 그런데 개와 돼지는 먹으려 들지 않았다. 길거리에 던져 버렸는데 소나 말도 알을 건드리지 않고 피해 갔다. 들판에 던져 버렸더니 새들이 날개로 덮어 주었다. 알을 깨 보려고 했지만 아무리 두드려도 깨지지 않았다. 금와왕은 하는 수 없이 유화에게 알을 돌려주었다. 얼마 뒤 알에서 사내아이가 태어났다. 일곱 살이 되자 더욱 의젓해졌다.

스스로 활을 만들어 쏘았는데 백발백중이었다. 활을 잘 쏘는 사람이라는 뜻으로 '주몽'이라고 불렀다.

금와왕에게는 일곱 아들이 있었는데 그 재주와 능력이 주몽에 미치지 못했다. 이에 금와왕의 맏아들 대소가 주몽을 죽이라고 청했으나 금와왕은 차마 죽이지 못하고 말 돌보는 일을 맡겼다.

금와왕의 왕자와 신하 들이 주몽을 시기해서 죽이려 하자 주몽은 오이, 마리, 협보와 함께 남쪽으로 도망쳤다. 큰 강에 이르러 길이 막히자 주몽은 "나는 천제의 아들이며 어머니는 하백의 딸이다. 오늘 도망가는데, 추격자들이 다가오니 어찌하면 좋은가?"라고 소리쳤다. 그러자 물고기와 거북이가 다리를 만들어 건너게 해 주었다. 주몽 일행이 강을 건너자 물고기와 거북이 들이 흩어져 추격자들은 더 이상 주몽을 뒤쫓을 수 없었다.

주몽은 남쪽으로 내려가 졸본천에 이르렀다. 주몽은 졸본을 도읍으로 삼고 나라 이름을 고구려라 하였는데 이로 인하여 성을 고씨로 삼았다.

★ 큰별쌤 별별 정보 ★

《삼국사기》에는 주몽이 졸본 부여에 이르렀을 때, 아들이 없었던 그곳의 왕은 주몽이 보통 사람이 아님을 알아보고 딸을 아내로 삼게 하였으며 왕위를 잇게 하였다는 내용도 함께 전해져.

사람이 알에서 태어나고 물고기와 거북이가 다리를 만들어 주다니, 믿기 어렵지? 이러한 신비한 이야기 속에는 숨은 의미가 있단다.

수렵도(무용총) 고구려 벽화에 그려져 있는 사냥 장면이야. 말을 타면서 활을 쏘아 호랑이와 사슴을 사냥하고 있어.

 주몽이 진짜 알에서 태어났어요?

고등학교 수학 문제를 술술 푸는 다섯 살 아이가 있다는 얘기를 들으면 어떤 생각이 들까? 그런 일이 가능하냐며, 천재 아니냐고 하겠지? 알에서 태어났다는 이야기도 비슷해. 알에서 태어난 사람은 특별한 사람이라고 생각한 거지. 또 태양을 상징하는 알에서 태어났다는 건 하늘과 연관된 신성한 존재라는 의미야.

 주몽은 정말 활을 잘 쏘았을까요?

그 당시 활쏘기는 정말 중요한 능력 중 하나였을 거야. 주몽이 활쏘기에 뛰어났다는 것은 주몽이 그만큼 특별한 능력자였다는 것을 의미해.

정말 물고기와 거북이가 다리를 만들어 주었을까요?

 부여에서 도망치던 주몽은 강 앞에서 "나는 천제의 아들이며 어머니는 하백의 딸이다."라고 외쳤지? 이를 통해 주몽은 하늘을 섬기는 부족의 후손이라는 것을 추측해 볼 수 있어. 또 물고기와 거북이가 다리를 놓아 준 것은 주몽이 나라를 세울 때 많은 어려움이 있었지만 주변의 도움을 받아 기적적으로 어려움을 이겨 냈다고 볼 수 있지.

그리고 부여 출신의 주몽이 무리를 이끌고 내려와 졸본 지역에 고구려를 세웠다는 것은 고구려가 부여 계통의 이주민과 압록강 유역의 토착민이 연합해 세운 나라라는 것을 의미해.

숨은 의미를 알고 나니 건국 이야기가 더 재미있지? 이처럼 건국 이야기를 통해 건국 당시의 상황 등을 짐작해 볼 수 있단다.

오녀산성 고구려가 건국된 졸본 지역으로 추정되는 산성이야. 사방이 깎아지른 절벽이어서 외적을 막기에 좋은 지형이지.

중국 역사서 《삼국지》의 〈위서〉 「동이전」에는 '고구려는 큰 산과 깊은 계곡이 많고 넓은 들판이 없어, 사람들이 산골짜기에 흐르는 물을 먹고 산다. 기름진 농토가 없어 부지런히 농사를 지어도 먹고 살기 힘들다.' 라고 기록되어 있어. 졸본 지역은 산악 지대여서 외적을 막기에는 좋지만 농사를 짓기에는 적합하지 않았어. 그래서 1세기 초에 고구려는 압록강 중류의 국내성(지금의 중국 지린성 지안)으로 도읍을 옮겼단다.

백제의 건국 ★ 온조, 백제를 세우다

백제의 건국 이야기도 《삼국사기》에 기록되어 있어. 백제는 고구려와 아주 밀접하게 연관되어 있어. 백제를 세운 온조가 바로 주몽이 아들이거든. 온조는 고구려에서 왔고, 온조의 아버지인 주몽은 부여로부터 내려왔지. 그래서 백제 역시 부여에 뿌리를 두고 있다고 볼 수 있단다.

  주몽은 졸본에 와서 고구려를 세우고, 비류와 온조를 낳았다.
  주몽이 북부여에 두고 온 유리가 주몽을 찾아와 태자가 되자 비류와 온조는 자신을 따르는 신하들과 함께 남쪽으로 내려갔다.
  형인 비류는 미추홀에 자리를 잡고 동생인 온조는 하남 위례성에 도읍을 정하였다. 비류가 자리 잡은 미추홀은 물이 짜서 농사가 잘되지 않자 비류는 자신의 백성들이 편히 살지 못하는 것을 후회하다 죽었다. 이후 비류를 따르던 사람들이 온조에게 왔다. 온조는 나라가 커지고 백성들이 많아지자 나라 이름을 십제에서 백제라 고쳤다.

비류가 도읍으로 삼은 미추홀은 지금의 인천 지역이고 온조가 도읍으로 삼은 하남 위례성은 한강 유역이야. 지금 우리나라 수도인 서울도 한강을 끼고 있지. 한강 유역은 기름진 평야가 펼쳐져 있고 강을 이용한 해상 교통도 편리해. 해상 교통이 편리하니 선진 문물을 받아들이기도 쉬웠지. 그래서 백제는 빠르게 성장할 수 있었단다.

서울 풍납동 토성(왼쪽)과 몽촌 토성(오른쪽) 서울 풍납동 토성과 몽촌 토성은 백제가 한강 유역에 자리 잡았을 때 축조된 토성이야. 특히 서울 풍납동 토성에서는 기와, 건물터, 관직 이름이 적혀 있는 토기 등 백제의 왕성임을 뒷받침해 주는 유적과 유물이 많이 발견되었어.

하남 위례성 지금의 서울시 송파구 풍납동 토성, 몽촌 토성 일대가 백제 초기의 수도인 하남 위례성이라고 알려져 있어.

신라의 건국 ★박혁거세, 신라를 세우다

6부의 촌장들이 모여 의논하기를 "백성들을 다스릴 만한 임금이 없어 백성들이 모두 제멋대로 구니 어찌 덕이 있는 사람을 찾아내어 그를 임금으로 삼아 나라를 세우고 도읍을 정하지 않을 수 있으랴." 하였다.

이때에 모두 높은 데 올라가 남쪽을 바라보니, 양산 밑 나정이라는 우물 곁에 이상한 기운이 번개처럼 땅에 드리우더니 웬 흰 말 한 마리가 무릎을 꿇고 절하는 시늉을 하고 있었다. 조금 있다가 거기를 살펴보니 보랏빛 알 하나가 놓여 있고 말은 사람들을 보자 울음소리를 길게 뽑으면서 하늘로 올라갔다. 그 알에서 모습이 단정하고 아름다운 사내아이가 나왔다. 놀랍고도 이상하여 아이를 목욕시키자 몸에서 광채가 나고 새와 짐승들이 모조리 춤을 추며 천지가 진동하고 해와 달이 맑게 빛났다. 따라서 이름을 혁거세라고 하고 사로국의 왕으로 삼았다. 큰 알이 박과 같았기 때문에 박을 성씨로 삼았다.

경주 나정 박혁거세가 태어난 우물이 있었다고 여겨지는 터로 경상북도 경주에 있어.

뭔가 신비로운 기운이 느껴지네.

《삼국유사》에 실려 있는 신라의 건국 이야기야. 신라를 세운 박혁거세도 알에서 태어났어. 게다가 말이 울고 있었다니 정말 신기한 일이야. 이 역시 박혁거세가 특별한 존재임을 나타내고 있지.

고조선 멸망 후 한반도 남쪽 지방에는 삼한, 즉 마한, 진한, 변한이 들어서 세력을 키웠어. 마한, 진한, 변한은 여러 소국으로 이루어져 있었는데, 그중 진한의 소국인 사로국에서 신라가 시작되었단다. 사로국은 지금의 경상북도 경주 일대의 여섯 개 촌이 연합하여 세워졌어. 신라의 건국 이야기에서 알 수 있듯이 박혁거세는 여러 촌장의 추대를 받아 임금이 되었단다. 신라가 시작된 경주 지역이 한반도 동남쪽에 치우쳐 있다 보니 신라는 다른 지역에 비해 발달된 문물을 빨리 받아들이기 어려웠지. 그래서 고구려나 백제에 비해 늦게 성장할 수밖에 없었단다.

가야의 건국 ★ 김수로, 금관가야를 세우다

고구려, 백제, 신라가 성립할 무렵 한반도 남부 낙동강 유역에서는 변한의 소국에서 출발한 작은 나라들이 자리를 잡았어. 이 나라들은 가장 힘이 강력했던 김해의 금관가야를 중심으로 연맹을 형성하였단다.

금관가야는 김수로가 세웠는데 《삼국유사》에 전해지는 건국 이야기를 한번 살펴볼까?

한반도 남쪽의 김해 지역에는 아홉 명의 족장이 각자의 지역을 다스리고 있었다. 그러던 어느 날 구지봉에서 이상한 소리가 들려왔다.

"나는 하늘 임금의 명으로 이곳에 나라를 세우고 임금이 되기 위해 왔다. 너희가 춤을 추고 '거북아, 거북아! 머리를 내밀어라. 만일 내밀지 않으면 구워 먹으리.' 하며 노래를 부르면 왕을 맞이하게 될 것이다."

족장들이 노래를 부르며 춤을 추자 하늘에서 붉은 보자기에 싸인 금빛 상자가 내려왔다. 상자 속에는 황금빛의 알 여섯 개가 들어 있었다. 여섯 아이가 알을 깨고 태어났고 가장 먼저 태어난 아이를 왕으로 모셨다. 족장들은 그 아이를 세상에 처음 나타났다고 해서 이름을 수로라고 하였고 금관가야의 왕이 되었다. 나머지 아이들도 자라서 각각 다른 가야의 왕이 되었다.

알에서 태어난 아이들이 자라서 각각 다른 가야의 왕이 되었다는 것은 가야가 연맹을 이루고 있다는 것을 말해 주지. 이렇게 성립된 가야 연맹은 서로 도우며 발전해 나갔어.

특히 금관가야가 자리 잡은 낙동강 하류는 땅이 비옥하고 철 생산량이 많았어. 또 낙동강을 따라 바다로 나아가 주변 여러 나라들과 교역하기에도 좋은 위치였어. 금관가야는 주변 나라들과 활발히 교역하며 번성하였지. 하지만 가야 연맹은 백제와 신라의 압박에 시달리면서 결국 고대 국가로 성장하지 못했어.

거북아! 거북아!

족장들이 부른 노래를 '구지가'라고 한단다.

큰★별쌤 한판 정리

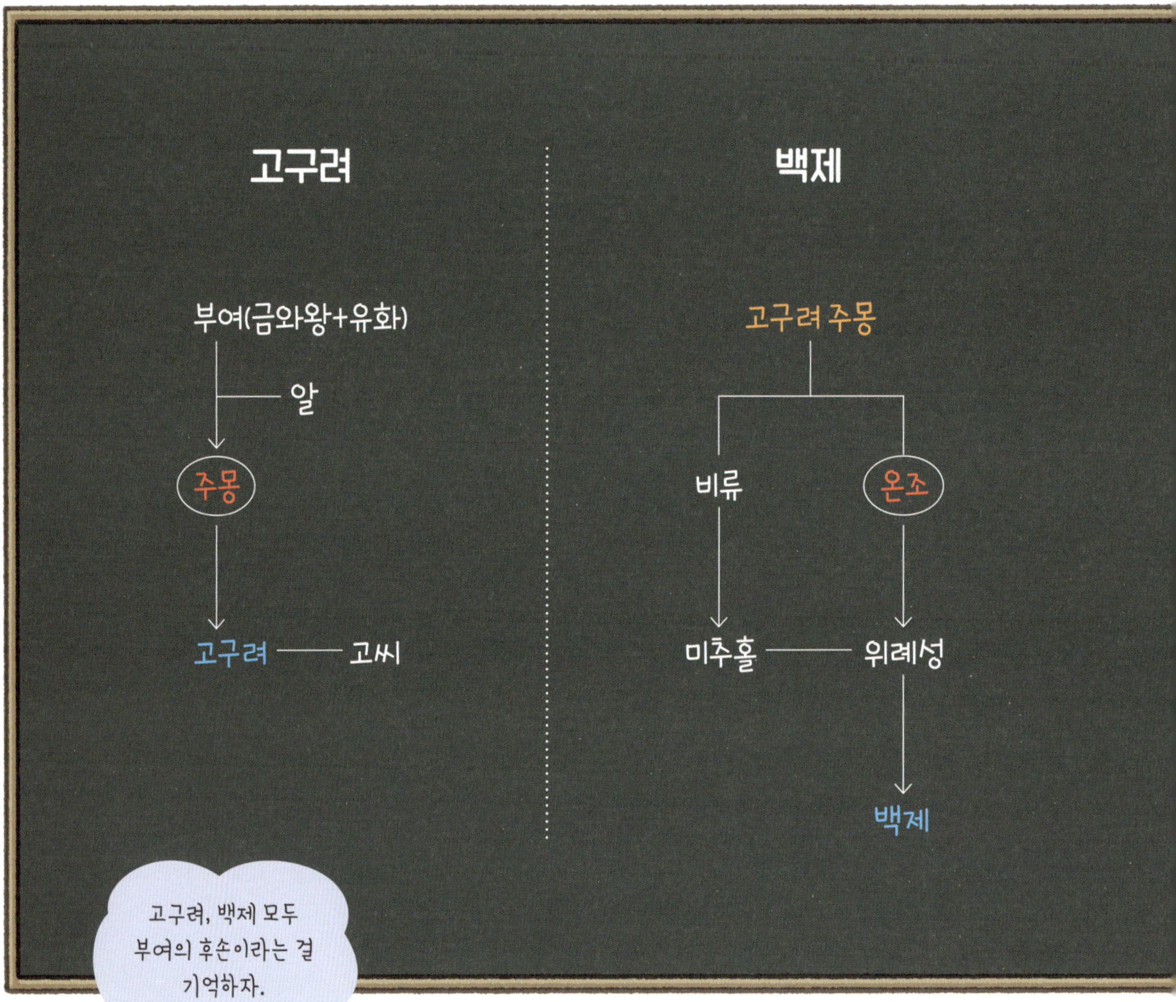

고구려

부여(금와왕+유화)
↓ 알
주몽
↓
고구려 —— 고씨

백제

고구려 주몽
├── 비류
└── 온조
↓   ↓
미추홀 —— 위례성
           ↓
           백제

> 고구려, 백제 모두 부여의 후손이라는 걸 기억하자.

고구려 부여에서 내려온 주몽은 고구려를 세우고 졸본을 도읍으로 정했어.
백제 고구려 주몽의 아들인 온조는 한강 유역인 하남 위례성에 도읍을 정하고 나라를 세웠어. 온조와 함께 내려온 비류 역시 미추홀에 나라를 세웠으나 비류가 죽자 백성들이 온조에게 갔지. 나라가 커지자 온조는 나라 이름을 십제에서 백제로 바꾸었어.

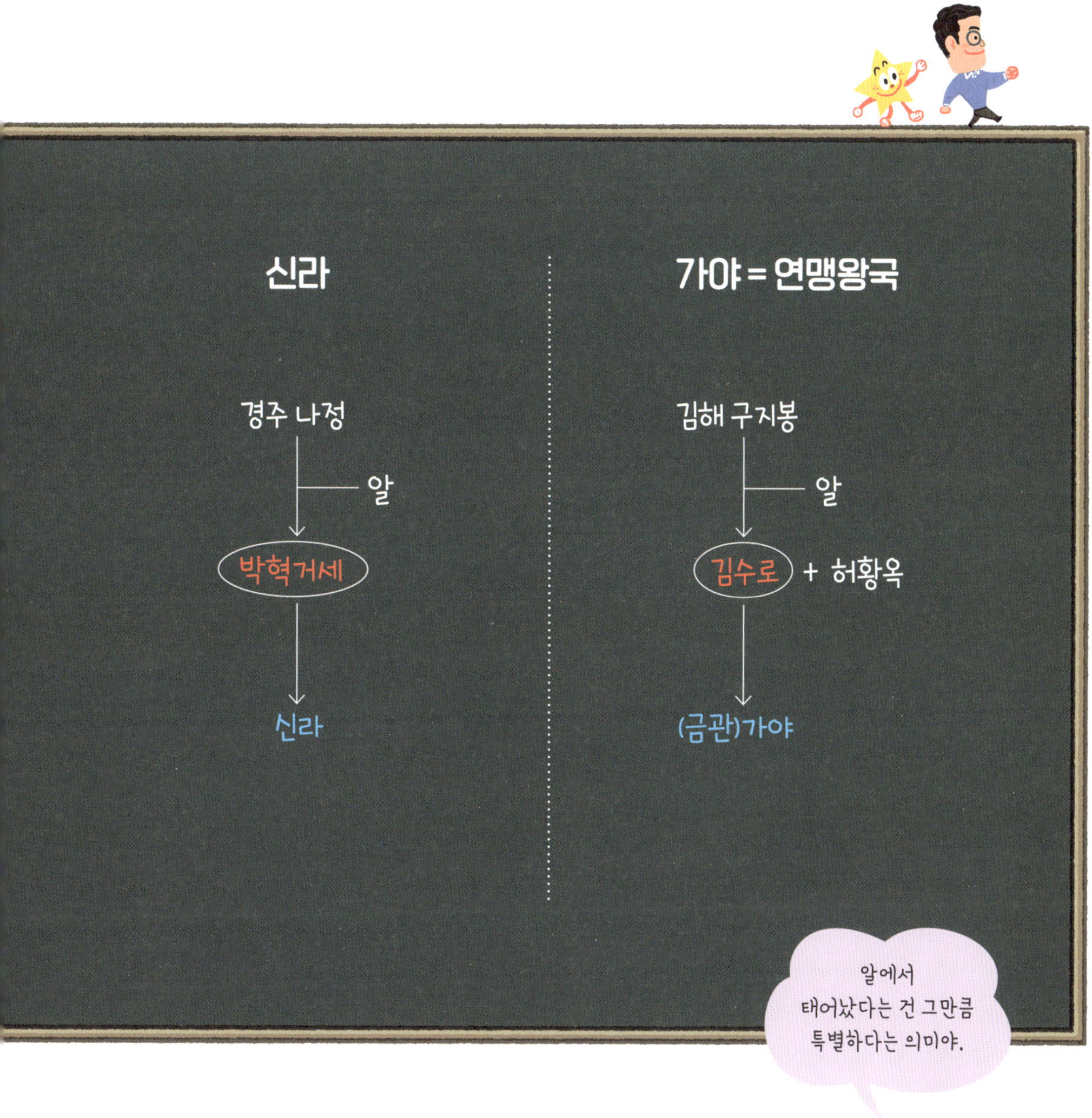

```
       신라                    가야 = 연맹왕국

    경주 나정                  김해 구지봉
       │                         │
       ├─ 알                     ├─ 알
       ↓                         ↓
    박혁거세                   김수로 + 허황옥
       │                         │
       ↓                         ↓
      신라                    (금관)가야
```

> 알에서 태어났다는 건 그만큼 특별하다는 의미야.

신라 박혁거세가 신라를 건국했어. 신라는 진한의 사로국에서 시작되었지.
금관가야 김수로가 금관가야를 건국했는데 김수로는 허황옥과 결혼하였지.
건국 이야기 고구려, 신라, 금관가야의 건국 이야기에 따르면 주몽, 박혁거세, 김수로는 모두 알에서 태어났어. 이는 건국 이야기의 주인공이 특별한 존재임을 강조하기 위함이라고 할 수 있지.

큰★별쌤 별별 퀴즈

1. ★ 안에 들어갈 알맞은 말을 써 볼까요?

- ★★ 이 졸본을 도읍으로 삼아 고구려를 건국하였다.

- ★★ 가 하남 위례성을 도읍으로 삼아 백제를 건국하였다.

- 신라는 진한의 사로국에서 출발하였으며 ★★★★ 가 건국하였다.

- 김해 지역에서 출발한 금관가야는 ★★★ 가 건국하였다.

2. 큰★별쌤이 설명하고 있는 건국 이야기의 주인공은 누구일까요?

> 6부의 촌장들이 바라보니, 나정이라는 우물 곁에 이상한 기운이 번개처럼 드리우더니 웬 흰 말 한 마리가 무릎을 꿇고 절하는 시늉을 하고 있었어. 그곳을 살펴보니 보랏빛 알이 하나 있었는데, 그 알에서 모습이 단정하고 아름다운 사내아이가 나왔어. 그 아이를 사로국의 왕으로 삼았지.

① 주몽　　② 온조　　③ 비류　　④ 박혁거세

3. 고구려의 건국 이야기가 적힌 카드예요. 일어난 순서대로 카드를 나열해 볼까요?

㉠ 금와왕의 왕자와 신하들이 주몽을 시기해서 죽이려 하자 주몽은 오이, 마리, 협보와 함께 남쪽으로 도망쳤어.

㉡ 주몽이 강을 건너 남쪽으로 내려가 졸본천에 이르렀어. 이후 나라 이름을 고구려라고 하고 성을 고씨라고 하였지.

㉢ 주몽과 무리가 강에 이르자 물고기와 거북이 다리를 만들어 건너게 해 주었어.

① ㉠→㉡→㉢   ② ㉡→㉢→㉠   ③ ㉢→㉡→㉠   ④ ㉠→㉢→㉡

4. 각 나라가 처음 도읍으로 삼은 지역을 선으로 연결해 볼까요?

고구려 •   • 금성(경주)

백제 •   • 졸본

신라 •   • 위례성

큰★별쌤 별별 특강

아유타국 공주와 결혼한 수로왕

금관가야를 건국한 수로왕은 왕위에 오른 지 오래되었는데도 배필이 없었어. 이를 신하들이 걱정하자 수로왕은 "내가 여기에 내려온 것은 하늘의 뜻이니 나에게 짝을 지어 주는 것도 역시 하늘의 명일 것이다."라고 말했지. 그리고 신하에게 좋은 말을 가지고 바닷가에 가서 기다리라고 했어. 그러자 얼마 되지 않아 서남쪽 바다에서 붉은색 돛을 단 배가 서서히 다가왔어. 신하들이 그 배를 맞이하자, 금은보화를 잔뜩 싣고 온 공주와 그 일행이 배에서 내렸지.

공주가 임시 거처를 마련하고 기다리자 수로왕이 공주를 맞이하러 갔어. 공주는 본인이 아유타국의 공주 허황옥이며 아버지가 하늘의 명을 받아 이곳으로 보냈다고 했

어. 수로왕은 허황옥이 올 것을 알고 있어 신하들의 청에도 결혼하지 않았다며 허황옥을 왕비로 맞이하였지. 두 사람은 오랫동안 나라를 평화롭게 다스리며 백성들의 사랑을 받았다고 해. 수로왕과 허황옥은 10명의 아들이 있었는데, 맏아들은 김씨 성을 따르고 두 아들은 허씨 성을 따랐다고 전해져.

허황옥이 온 아유타국은 어떤 곳일까? 아유타국은 지금의 인도에 있었던 나라로 추정하고 있어. 이 이야기가 맞다면 수로왕은 국제결혼을 한 셈이지. 김해에는 허황옥이 아유타국에서 건너올 때 파도 신의 노여움을 잠재우기 위해 함께 싣고 왔다고 전해지는 불탑인 파사 석탑이 남아 있어. 이 파사 석탑의 재료인 파사석은 실제 우리나라에서는 보기 힘들고 인도 남부에서 흔한 돌이라고 해. 허황옥 이야기와 파사 석탑을 통해 가야와 고대 인도가 서로 교류했을 거라 추측하기도 해. 반면 불교가 우리나라에 전해지면서 허황옥의 고향이 불교가 시작된 인도로 바뀌었다는 의견도 있지.

최근 가야에 대한 연구가 활발하게 진행되고 있단다. 조만간 아직 밝혀지지 않은 가야의 비밀이 풀릴 거라고 많은 사람들이 기대하고 있어.

파사 석탑 경상남도 김해에 있는 5층 탑이야.
허황옥이 아유타국에서 올 때 배에 싣고 왔다고 전해져.

도전! 한국사능력검정시험

★ 초급 37회 2번
1. 그림의 건국 이야기가 전해지는 나라에 대한 설명으로 옳은 것은?

첫 번째 장면
고구려를 떠나는 비류와 온조 형제

두 번째 장면
정착할 곳을 살피는 비류와 온조 형제

세 번째 장면
한강 유역에 정착하여 나라를 세우는 온조

① 대가야를 정복하였다.
② 왜에 칠지도를 보냈다.
③ 화랑도라는 단체가 있었다.
④ 동맹이라는 제천 행사를 열었다.

★ 초급 43회 2번
2. (가) 나라에 대한 설명으로 옳은 것은?

건국 이야기에 따르면 해모수와 유화 사이에서 태어난 주몽이 부여에서 무리를 이끌고 내려와 졸본에 (가) 을/를 세웠다고 해요.

① 화백 회의를 열었다.
② 독서삼품과를 실시하였다.
③ 국내성으로 도읍을 옮겼다.
④ 소도라는 신성 구역이 있었다.

★ 초급 44회 2번

3. (가) 나라에 대한 설명으로 옳은 것은?

① 위례성을 도읍으로 하였다.
② 서옥제라는 풍습이 있었다.
③ 제천 행사인 무천이 열렸다.
④ 화백 회의라는 제도가 있었다.

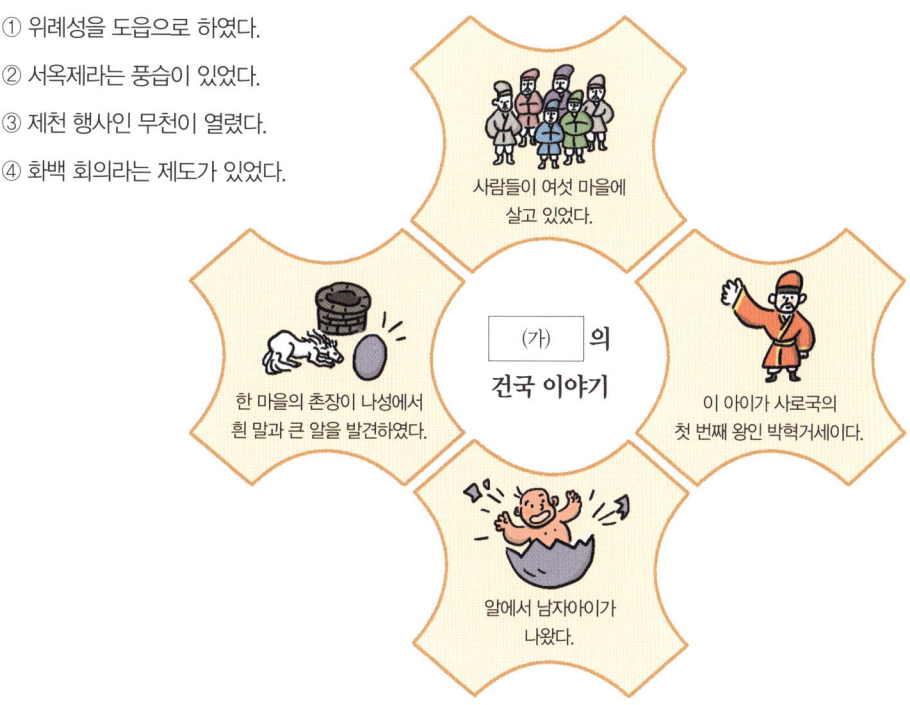

★ 초급 46회 2번

4. 밑줄 그은 '나라'에 대한 설명으로 옳은 것은?

① 8조법으로 백성을 다스렸다.
② 영고라는 제천 행사를 열었다.
③ 김해 지역을 중심으로 성장하였다.
④ 화백 회의에서 중요한 일을 결정하였다.

371년
백제, 고구려 평양성 공격

427년
고구려, 평양 천도

2. 삼국과 가야의 발전

삼국 중에 고대 국가로 제일 먼저 성장한 나라는 고구려야. 고구려는 2세기, 백제는 3세기, 신라는 4세기에 고대 국가로 자리 잡았지. 모든 나라가 고대 국가로 성장한 건 아니야. 부여는 고대 국가로 성장하지 못하고 연맹 왕국으로 머물다가 고구려에 흡수되었거든. 가야 연맹 역시 고대 국가로 발전하지 못하고 신라에 편입되었어.

연맹 왕국과 고대 국가는 어떻게 다를까? 연맹 왕국인 부여와 고대 국가인 고구려, 백제, 신라를 비교해 보면 그 차이를 정확히 알 수 있어. 부여에서는 왕의 힘이 강력하지 않았어. 왕은 연맹 왕국을 대표하는 상징적인 존재였고, 흉년이 들면 왕에게 책임을 물어 신하들에게 쫓겨나기도 했지. 반대로 고대 국가로 성장한 고구려, 백제, 신라에서는 왕이 강력한 힘을 가졌어. 왕을 중심으로 새로운 제도와 문화를 받아들였고 경제, 문화, 군사력을 강화했지. 고대 국가로 성장한 고구려, 백제, 신라를 만나러 가 볼까?

553년
신라, 한강 유역 점령

백제의 성장과 발전
★ 한강 유역에서 빠르게 성장하다

힘도 세고 잘나가는 시기, 즉 세력이 가장 강력한 시기를 '전성기'라고 해. 고대 국가로 제일 먼저 성장한 나라는 고구려라고 했지? 그 다음으로 백제, 신라가 성장했지. 하지만 실제로 전성기를 제일 먼저 누린 나라는 백제야. 고구려보다 백제가 먼저 성장한 이유는 무엇일까?

백제가 한강 유역에 자리 잡았기 때문이야. 한강 유역은 교통이 편리하고 땅이 기름져 농사가 잘되는 곳이란다. 백제는 한강에서 서해로 이어지는 해상 교통로를 통해 중국의 선진 문물을 적극적으로 받아들였어. 이를 바탕으로 백제 고유의 문화를 발전시켜 나갔지.

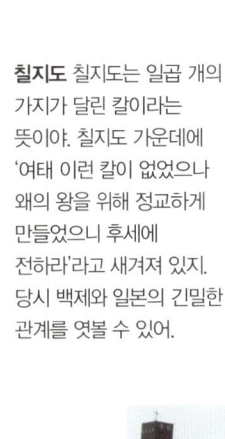

칠지도 칠지도는 일곱 개의 가지가 달린 칼이라는 뜻이야. 칠지도 가운데에 '여태 이런 칼이 없었으나 왜의 왕을 위해 정교하게 만들었으니 후세에 전하라'라고 새겨져 있지. 당시 백제와 일본의 긴밀한 관계를 엿볼 수 있어.

청동 자루솥(왼쪽)과 세 발 토기(오른쪽) '초두'라고 하는 세 발 달린 청동 자루솥은 술이나 약 등을 끓일 때 사용한 도구로 주로 왕실과 귀족이 사용했어. 서울 풍납동 토성에서 출토된 청동 자루솥은 중국 동진에서 수입된 것으로 이를 통해 3~4세기 백제가 중국과 활발히 교류했다는 것을 알 수 있어. 세 발 토기는 주로 백제 유적에서 출토되는 백제식 토기란다.

서울 석촌동 고분군의 3호분 이 무덤은 가로 한 변의 길이가 무려 50미터나 된단다. 무덤 한 바퀴를 뛰어서 돌면 200미터 달리기를 한 거나 마찬가지야. 무덤의 크기를 통해 백제가 얼마나 강했는지 짐작해 볼 수 있지.

3세기 중엽 백제의 고이왕은 넓은 영토와 늘어난 백성을 다스리기 위해 통치 조직을 정비했어. 관등, 즉 관리의 등급을 만들고 등급마다 관리의 옷 색깔을 다르게 했지.

　백제는 4세기 **근초고왕** 때 전성기를 맞이했어. 근초고왕은 영토 확장에 힘썼어. 중국과 교류하는 데 유리한 지역을 확보하기 위해 371년에 평양성을 공격했는데 이때 고구려 고국원왕이 전사하고 말았지. 고구려 역사상 전쟁에서 왕이 죽은 건 이때가 처음이자 마지막이었어. 근초고왕 때 백제의 힘이 얼마나 강했는지 알 수 있겠지? 근초고왕은 마한을 정복해 남쪽으로도 영토를 확장했단다. 이로써 근초고왕은 백제 역사상 가장 넓은 영토를 차지했어.

　근초고왕은 중국, 일본과 활발하게 교류했지. 활발한 해외 교류를 통해 백제 문화는 더욱 우아하고 세련되게 발전했어.

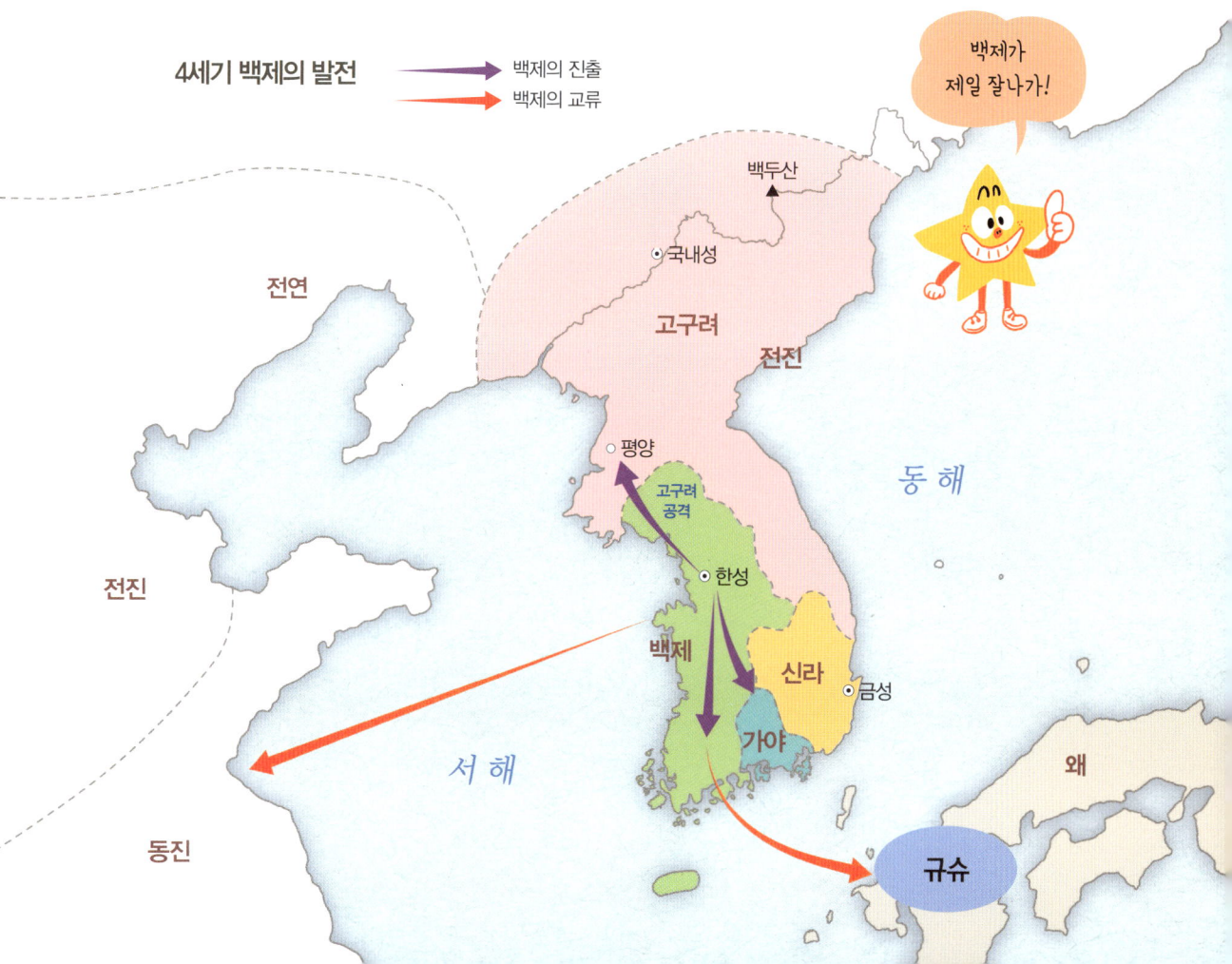

고구려의 성장과 발전
★동북아시아의 강자가 되다

고구려는 1세기 후반 태조왕 때 동해안으로 진출해 옥저를 정복하고, 요동 지방으로 진출을 꾀하는 등 영토 확장에 힘쓰면서 왕권을 강화해 나갔지. 고국천왕 무렵에 부족 단위의 5부는 점차 해체되고 동부, 서부, 남부, 북부, 중부 등 행정 단위를 의미하는 5부가 성립되었어. 왕권 중심의 중앙 집권 체제가 갖추어진 거야.

빠르게 나라의 기틀을 다져 가던 고구려는 계속되는 백제와 중국 전연의 공격으로 휘청댔어. 게다가 백제 근초고왕의 공격으로 고국원왕이 죽자 고구려인들은 큰 충격을 받았지. 이런 상황에서 고국원왕에 이어 왕위에 오른 소수림왕은 외적의 침입으로 혼란스러운 정국을 안정시키기 위해 율령을 도입했어. 율령이라는 말이 너무 어렵지? 쉽게 말해서, 나라를 다스리는 제도와 법을 만들었다는 거야. 또 불안한 백성들의 마음을 안정시키기 위해 중국으로부터 불교를 받아들였어. 같은 종교를 믿고 따르면 사람들의 생각을 하나로 모을 수 있다고 생각해서 적극적으로 받아들였지. 교육 기관인 태학도 설립해 인재 양성에 힘썼어. 태학은 지금의 국립 대학교와 비슷한 곳으로 유학을 가르쳤어. 이러한 소수림왕의 개혁이 성공하면서 드디어 고구려 전성기인 **광개토 대왕**과 **장수왕**의 시대가 열리게 되었어.

광개토는 한자로 넓을 '광(廣)', 개척할 '개(開)', 토지 '토(土)'라고 쓴단다. 말 그대로 넓은 땅을 개척한 왕이라는 뜻이지. 광개토 대왕이 이끄는 고구려 군사는 말을 타고 달리면서 자유자재로 활을 쏘고 창을 다뤘다고 해. 광개토 대왕은 만주와 요동 지역으로 영토를 확장하고 고국원왕을 죽인 백제를 공격하여 한강 이북 지역을 차지했지.

또 광개토 대왕은 신라의 요청으로 5만여 명의 병력을 보내 신라에 침입한 왜를 물리쳤단다. 이때 도망가는 왜군을 추격하다가 금관가야까지 공격하게 되었지.

고구려 기마 병사 중국 지린성 삼실총 벽화에 그려진 고구려 기마 병사의 모습이야. 사람과 말이 모두 철 갑옷으로 무장하고 말을 타면서 창을 휘두르고 있어.

가야 연맹의 우두머리였던 금관가야는 고구려의 공격으로 급격하게 쇠퇴하고 말았어. 광개토 대왕의 군대가 얼마나 강했는지 알 수 있겠지? 이렇게 광개토 대왕은 한반도와 만주를 종횡무진하며 영향력을 넓혀 갔단다.

광개토 대왕이 주로 북쪽으로 영토를 넓혔다면, 장수왕은 수도를 국내성에서 평양으로 옮기고 남쪽으로 영토를 넓히고자 했지. 대동강 유역의 평야를 끼고 있는 평양은 생산물이 풍부하고 바다로 진출하기에 좋았어.

고구려가 평양으로 수도를 옮기자 위협을 느낀 신라와 백제는 나·제 동맹을 맺어 대항했어. 하지만 장수왕은 백제의 수도 한성을 함락하고 한강 남쪽, 지금의 충주까지 영토를 확장했어.

4세기 근초고왕 때 전성기를 맞이했던 백제는 5세기에 이르러 위기를 맞게 된 거지. 결국 백제는 부랴부랴 쫓기듯 한성에서 웅진으로 도읍을 옮겼단다.

한강 유역을 차지한 고구려는 5세기경 만주에서 한반도 중부까지 영토를 확장하면서 강대국으로 성장했단다. 고구려인들은 스스로 천하의 중심이라는 자부심을 갖게 되었어.

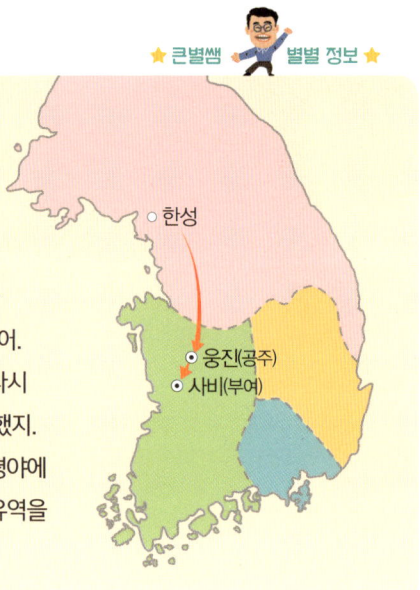

고구려에게 수도 한성을 함락당한 백제는 도읍을 한성에서 웅진으로 옮겼지. 웅진은 지금의 충청남도 공주야. 백제는 한동안 귀족들의 권력 다툼으로 혼란을 겪다가 무령왕이 즉위하면서 다시 조직을 정비했어. 무령왕은 22담로에 왕족을 파견하여 지방을 통제하는 한편 중국 남조와 교류하여 문화를 발전시켰어. 무령왕의 아들 성왕은 백제의 옛 영광을 되찾기 위해 다시 한번 도읍을 사비로 옮기고 나라 이름을 '남부여'라고 했지. 사비는 지금의 충청남도 부여로, 웅진보다 훨씬 넓은 평야에 위치해 있었어. 성왕은 나라의 체제를 정비하고 한강 유역을 되찾기 위해 다시 신라와 손을 잡았단다.

고구려는 백제 근초고왕의 공격으로 왕이 전사하는 등 어려움에 처했지만 소수림왕은 이를 극복하기 위해 개혁을 추진했고 이를 바탕으로 광개토 대왕 때 전성기를 맞이할 수 있었어. 이처럼 힘든 시기를 겪더라도 포기하지 않고 노력하면 더 좋은 결과를 만들어 낼 수 있다는 것, 이것이 바로 역사가 주는 교훈이 아닐까?

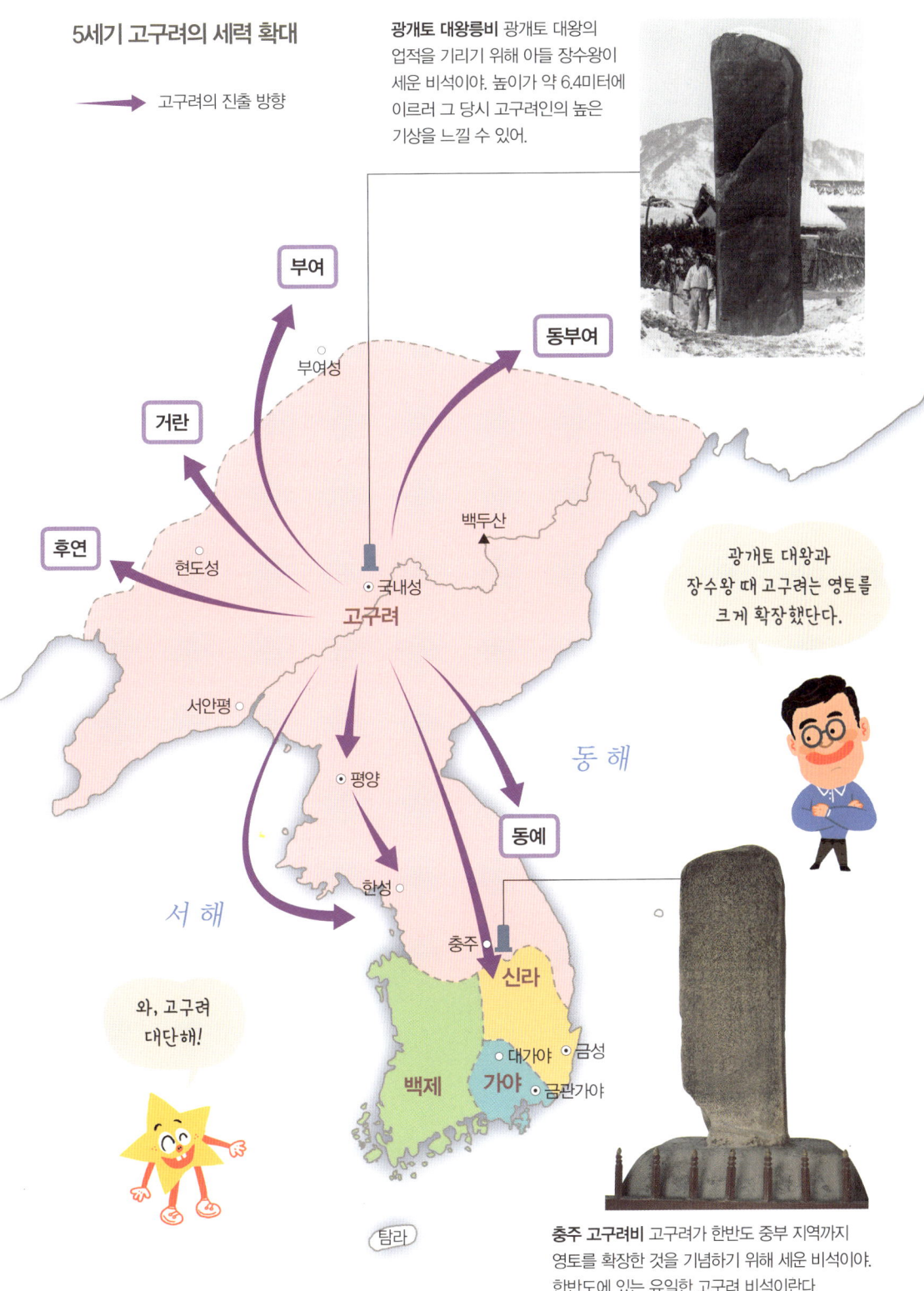

신라의 성장과 발전 ★한강의 마지막 주인이 되다

4세기에 백제가, 5세기에 고구려가 전성기를 누릴 때 신라는 어떻게 발전하고 있었을까?

신라는 지금의 경상도 지역에 있었어. 당시 선진 문물은 중국에서 들어왔는데, 백제와 고구려가 그 길을 가로막고 있어서 신라는 선진 문물을 접하기 어려웠어. 그래서 고구려나 백제에 비해 발전이 늦었지.

신라는 초기에 박씨, 석씨, 김씨가 번갈아 가며 왕위를 차지했어. 왕의 힘이 약해서 아직 중앙 집권 체제를 완성하지 못했던 거지. 그러다가 4세기 중반 내물왕 때부터 김씨가 왕위를 쭉 이어 갔어. 이때부터 왕을 마립간으로 불렀단다.

★큰별쌤 별별 정보★

신라에서 왕을 부르는 말은 여러 번 바뀌었어.
거서간 → 차차웅 → 이사금 → 마립간을 거쳐 지증왕 때부터 중국식 호칭인 '왕'을 사용했어.
거서간은 '왕' 또는 '귀인'이라는 뜻이고 차차웅은 '무당'이라는 의미야. 이사금은 '연장자'라는 뜻으로 이가 많은 사람이 지혜롭다는 데서 유래했다고 해. 마립간은 대군장, 즉 '최고 우두머리'라는 뜻이지. 호칭의 변화를 보면 왕의 힘이 점점 강해지고 있다는 것을 알 수 있겠지?

6세기에 이르러 드디어 신라도 전성기를 맞이하게 돼. 그 변화의 중심에는 지증왕과 법흥왕이 있었어. 신라 장군 이사부를 보내 우산국(울릉도)을 점령하고 독도를 우리 땅이라고 기록한 왕이 바로 지증왕이란다. '신라'라는 이름도 지증왕 때부터 사용했어.

지증왕의 뒤를 이은 법흥왕은 율령을 반포하고 **골품제**를 정비했어. 골품제는 출신 성분에 따라 골과 품으로 등급을 나눈 신분 제도야. 신라는 주변 부족을 정복하거나 통합하면서 부족장들을 중앙 귀족으로 받아들였어. 그 과정에서 세력이 큰 부족장과 세력이 작은 부족장을 똑같이 대접할 수 없었기 때문에 등급을 정했는데, 그게 바로 골품제야.

   신라 사람들은 신분에 따라 오를 수 있는 관직이 정해져 있었어. 성골은 왕이 될 수 있는 자격을 가진 최고의 신분이었어. 진골 역시 왕족이었으나 왕위에는 오를 수 없었다가 성골이 소멸된 이후부터 왕위를 차지하게 되었지. 6두품 아래 일반 귀족은 능력이 있어도 높은 관직을 맡을 수 없었어. 관직뿐만 아니라 옷차림, 집과 수레의 크기 같은 것도 신분에 따라 정해져 있었지. 요즘 시대에는 상상하기 힘든 일이지?

신라의 골품과 관등표

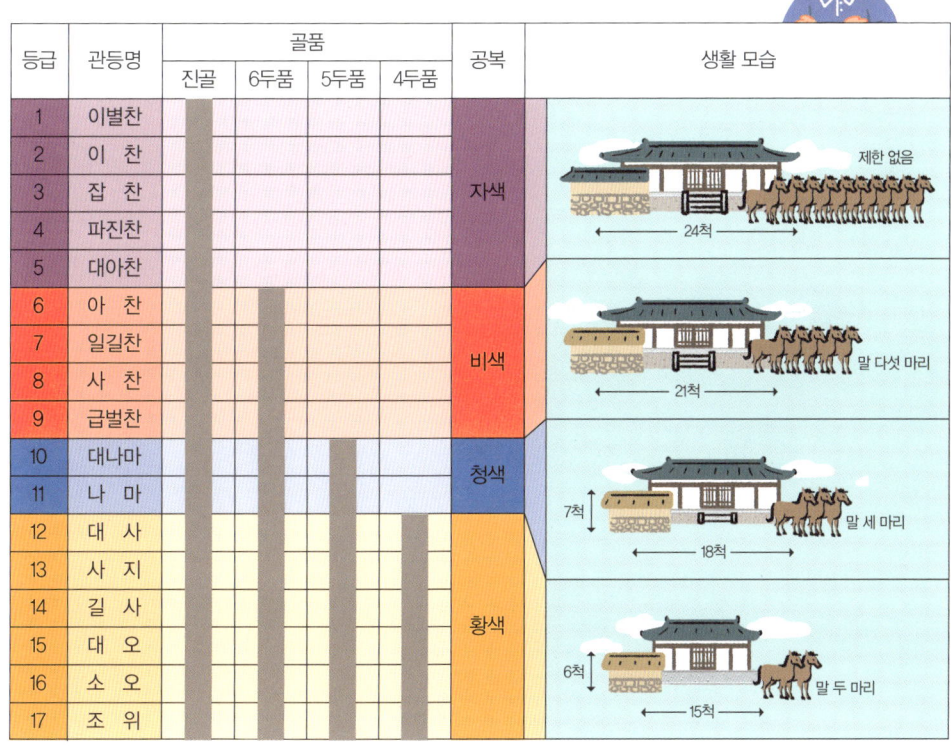

신라에서는 아무리 뛰어난 재주가 있어도 신분에 따라 올라갈 수 있는 관직에 한계가 있었어.

등급	관등명	골품				공복	생활 모습
		진골	6두품	5두품	4두품		
1	이벌찬					자색	제한 없음 / 24척
2	이 찬						
3	잡 찬						
4	파진찬						
5	대아찬						
6	아 찬					비색	말 다섯 마리 / 21척
7	일길찬						
8	사 찬						
9	급벌찬						
10	대나마					청색	말 세 마리 / 7척 / 18척
11	나 마						
12	대 사					황색	말 두 마리 / 6척 / 15척
13	사 지						
14	길 사						
15	대 오						
16	소 오						
17	조 위						

고구려 소수림왕이 그랬던 것처럼 법흥왕은 불교를 공인해서 사람들의 생각을 하나로 모으려고 했단다. 하지만 토착 신앙이 강하게 자리 잡고 있었던 신라에서는 귀족들의 반대로 쉽게 불교를 나라의 종교로 인정하기 어려웠지.

법흥왕의 신하였던 이차돈은 법흥왕의 뜻을 따라 불교를 받아들여야 한다고 생각했어. 그래서 신라 사람들이 신성시 여기는 숲에 절을 지었어. 그러자 귀족들은 화가 나서 이차돈을 죽여야 한다고 주장했지. 결국 귀족들의 뜻에 따라 이차돈의 목을 베자 목에서 흰 피가 솟구치고 하늘에서 꽃비가 내렸다고 해. 이 사건 이후에 법흥왕은 불교의 신성함을 주장하며 불교를 국가 종교로 선포했어. 불교를 이용해 왕을 중심으로 백성을 하나로 모아 왕권을 강화하고자 한 거야.

이차돈 순교비 이차돈의 순교 모습이 새겨져 있는 돌기둥이야.

나라의 기틀을 다진 신라는 6세기 **진흥왕**에 이르러 전성기를 맞이해. 앞서 백제의 성왕이 한강 유역을 되찾기 위해 신라와 손을 잡았다고 했던 거 기억나니? 이때 백제의 성왕과 손을 잡은 왕이 바로 진흥왕이야. 막강한 고구려를 무너뜨리려면 백제와 신라가 힘을 합쳐야 한다고 생각한 거지. 이 연합 공격으로 신라는 고구려가 차지하고 있는 한강 상류 지역을, 백제는 한강 하류 지역을 차지했지. 그런데 진흥왕은 여기서 멈추지 않고 백제가 되찾은 한강 유역까지 빼앗아 버렸어. 당시 진흥왕은 갓 스무 살을 넘겼고, 성왕은 오십 대였어. 따지고 보면 성왕은 진흥왕의 할아버지뻘이었던 거야. 성왕은 손자 같은 어린 왕에게 뒤통수를 제대로 맞은 셈이지.

한강 유역을 빼앗긴 백제는 화가 나서 신라와 한판 대결을 펼쳤는데, 이 싸움이 바로 관산성 전투야. 한강 하류 지역에 위치한 관산성은 군사적으로 아주 중요한 곳이었어. 전투 초반에는 백제가 우세했지만 신라의 공격으로 성왕이 전사하자 백제는 전투력을 잃고 무너지고 말았어. 이로써 신라는 한강 유역 전체를 차지할 수 있었단다. 경상도 지역에 고립되어 있던 신라는 한강 유역을 차지하면서 중국과 직접 교류할 수 있게 되었지. 이후 진흥왕은 대가야를 병합하고 북쪽으로는 고구려 영토를 공략하여 함흥평야까지 진출했지. 진흥왕은 정복하는 곳마다 순수비를 세워 영토 확장을 기념했어.

또 진흥왕은 인재를 양성하기 위해 **화랑도**를 국가 조직으로 만들고 정복 활동에 활용했어. 원래 화랑도는 신라 초기부터 이어져 온 청소년 수련 단체였지. 화랑들은 원광의 세속 5계를 지키며 무예를 익히고 몸과 마음을 단련했단다.

원광의 세속 5계

- 충으로써 임금을 섬긴다.
- 효로써 부모를 섬긴다.
- 믿음으로써 벗을 사귄다.
- 전쟁에 나가 물러서지 않는다.
- 살생을 가려서 한다.

화랑 멋져요!

임신서기석 임신서기석에는 유교 경전을 공부하여 나라에 충성하겠다는 내용이 담겨 있어. 이를 통해 신라 청소년들이 유학을 공부했다는 것을 알 수 있어.

가야의 발전과 멸망
★ 풍부한 철을 바탕으로 성장하다

　가야 연맹은 삼국과 함께 우리가 알아야 할 중요한 나라야. 가야 연맹은 독창적인 문화를 발전시키며 6세기까지 삼국과 함께 세력을 유지했단다.

　가야 연맹은 삼한 중 변한의 작은 나라에서 출발했다고 했지? 가야 연맹은 나라별로 독자적인 정치 권력을 유지하며 그중 가장 힘이 센 나라가 연맹을 주도했단다. 초기에는 김해의 금관가야가 가야 연맹을 이끌었어. 금관가야는 철이 풍부해서 낙동강 하류와 이어지는 바다를 통해 낙랑, 왜 등으로 철기를 수출했지. 또 낙동강 하류에 위치해 비옥한 땅이 많아 농업 생산량도 많았어.

　그런데 가야 연맹을 뒤흔든 사건이 발생했어. 신라에 왜가 침입하자 신라 내물왕은 고구려에 도움을 청했어. 그러자 고구려 광개토 대왕은 군사를 이끌고 내려와 신라에 침입한 왜를 물리치고 도망가는 왜군을 추격하다가 금관가야까지 쳐들어갔지. 이 공격으로 금관가야는 큰 타격을 입었고, 이후 가야 연맹은 고령의 대가야가 이끌게 되었단다.

　대가야 역시 비옥한 땅과 풍부한 철을 바탕으로 세력을 확대해 나갔어. 하지만 가야 연맹은 각 나라가 독자적인 권력을 가지고 있어 힘을 하나로 모으지 못했어. 또 백제와 신라의 사이에 위치하여 두 나라로부터 많은 압력을 받을 수밖에 없었지. 결국 가야 연맹은 중앙 집권 국가로 성장하지 못하고 점점 세력이 약화되었고 금관가야는 법흥왕 때, 대가야는 진흥왕 때 신라에 병합되며 가야 연맹은 역사 속으로 사라졌단다.

가야가 사라지다니, 아쉬워.

기마 인물형 토기 철제 갑옷으로 무장한 가야의 무사 모습이야.

말머리 가리개 가야의 무사는 갑옷으로 무장하고, 타고 다니는 말에도 갑옷을 입혔어. 철기 제작 기술이 발달한 가야의 모습을 알 수 있지.

철제 갑옷과 덩이쇠 가야는 풍부한 철을 바탕으로 철제 갑옷, 철제 농기구 등 질 좋은 철기를 생산하였지. 덩이쇠는 녹여서 다른 철기를 만들거나 화폐로 사용했어.

가야는 철의 나라야.

큰★별쌤 한판 정리

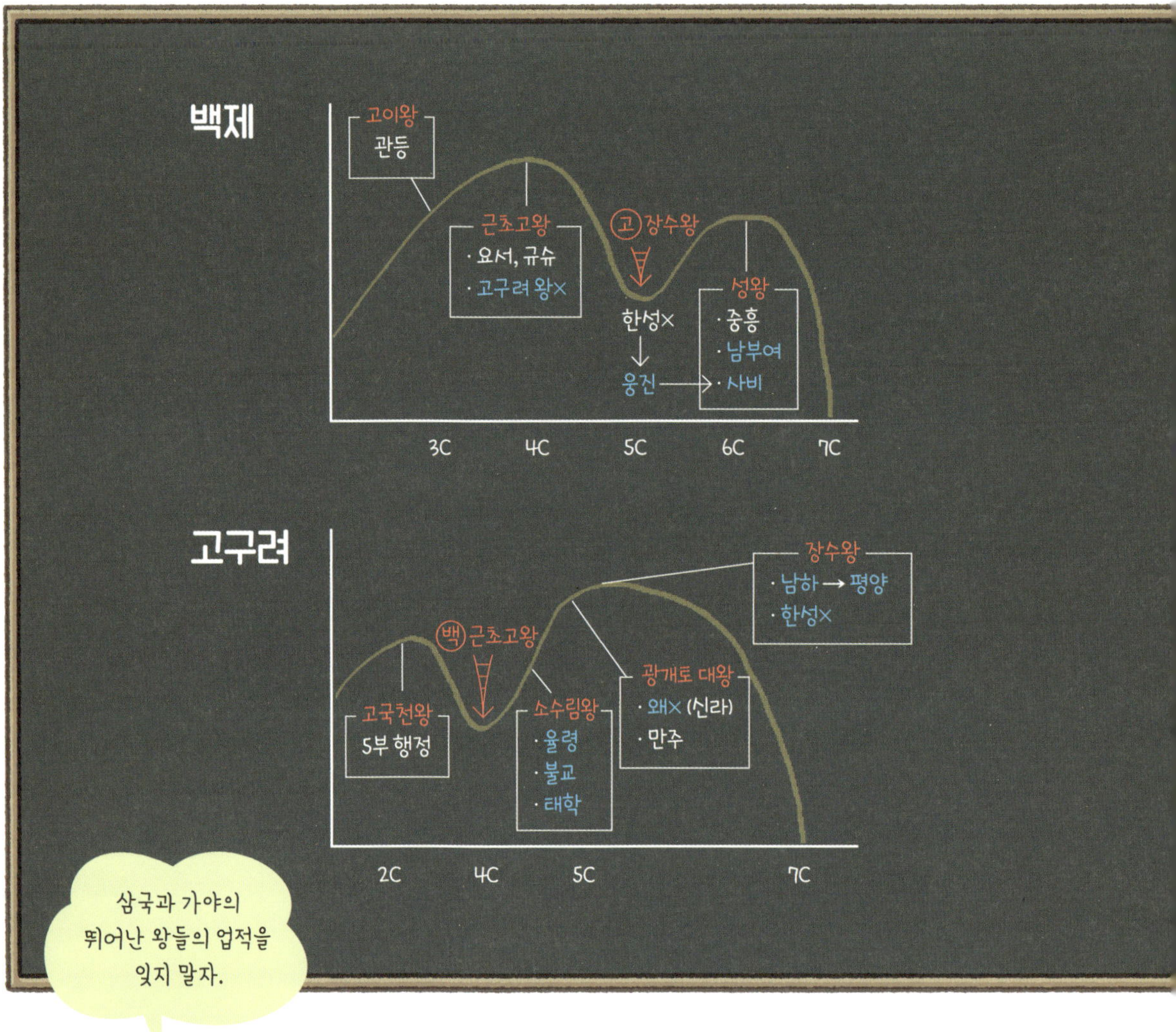

백제

- 고이왕: 관등
- 근초고왕: 요서, 규슈 / 고구려 왕 ×
- (고) 장수왕: 한성× → 웅진
- 성왕: 중흥, 남부여, 사비

3C 4C 5C 6C 7C

고구려

- 고국천왕: 5부 행정
- (백) 근초고왕
- 소수림왕: 율령, 불교, 태학
- 광개토 대왕: 왜× (신라), 만주
- 장수왕: 남하 → 평양, 한성×

2C 4C 5C 7C

> 삼국과 가야의 뛰어난 왕들의 업적을 잊지 말자.

백제 3세기 고이왕 때 체제를 정비하고 4세기 근초고왕 때 전성기를 맞이했어. 5세기에 고구려 장수왕의 공격으로 한성이 함락되어 도읍을 웅진으로 옮겼지. 6세기 성왕 때 다시 도읍을 사비로 옮기고 중흥을 위해 노력해.

고구려 4세기 소수림왕 때 불교 도입, 태학 설립, 율령 반포 등 개혁 정책을 펼쳤고 5세기 광대토 대왕과 장수왕 때 전성기를 맞이해.

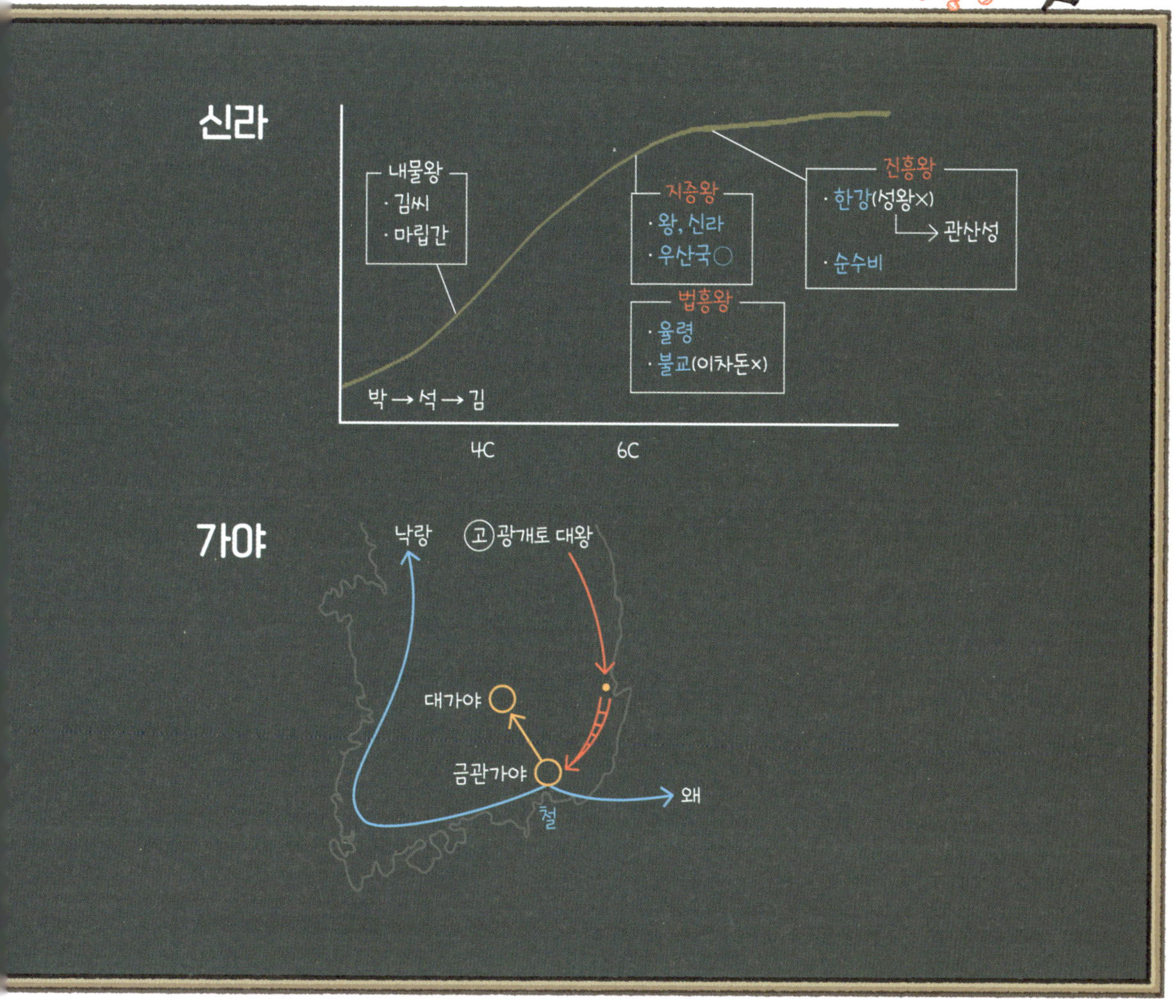

신라

- 내물왕
  - 김씨
  - 마립간
- 지증왕
  - 왕, 신라
  - 우산국○
- 법흥왕
  - 율령
  - 불교(이차돈×)
- 진흥왕
  - 한강(성왕×) → 관산성
  - 순수비

박→석→김

4C   6C

가야

낙랑, (고)광개토 대왕, 대가야, 금관가야, 철, 왜

신라 박씨, 석씨, 김씨가 돌아가면서 왕위를 차지하다가 내물왕 때부터 김씨가 왕위를 독점했어. 6세기 지증왕과 법흥왕 때 개혁 정책으로 안정된 통치 체제를 마련하고 진흥왕 때 한강 유역을 차지하며 전성기를 맞이해.

가야 연맹 왕국에 머물렀는데 전기에는 금관가야가, 후기에는 대가야가 가야 연맹을 이끌었지. 또 철이 풍부해서 주변 국가에 수출했어.

큰★별쌤 별별 퀴즈

1. ★ 안에 들어갈 알맞은 말을 써 볼까요?

- 고구려는 ★★ 왕 때 옥저를 정복하였다.

- 고구려 ★★★ 왕은 불교를 수용하고 율령을 반포하였다.

- 백제 ★★ 왕은 관리의 등급에 따라 관복의 색깔을 정하였다.

- 신라 ★★ 왕은 이사부를 보내 우산국을 정복하였다.

2. 고구려, 백제, 신라의 전성기를 이룬 왕과 왕의 업적을 알맞게 선으로 연결해 볼까요?

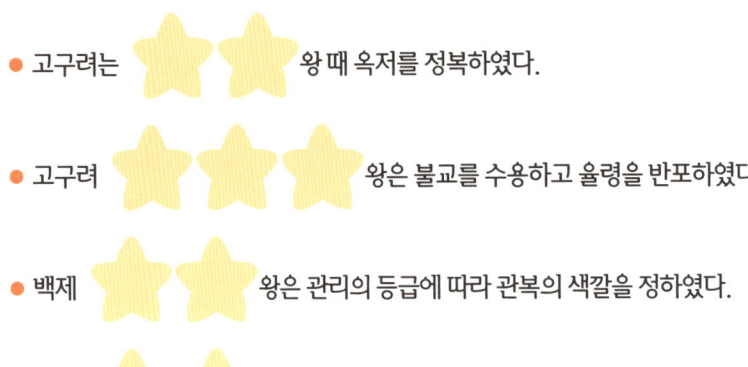

3. 다음 문장이 맞으면 O, 틀리면 X에 동그라미를 그려 볼까요?

- 삼국은 고구려, 백제, 신라 순으로 전성기를 맞았다.

- 고구려 장수왕은 광개토 대왕의 업적을 기리기 위해 광개토 대왕릉비를 세웠다.

- 신라 법흥왕은 한강 유역을 차지한 후 북한산에 순수비를 세웠다.

- 가야는 중앙 집권 국가로 발전하지 못하고 연맹 왕국에 머물렀다.

4. 큰★별쌤이 설명하고 있는 것은 무엇일까요?

진흥왕이 인재를 양성하기 위해 조직했어. 신라 초기부터 이어져 온 조직으로 청소년 수련 단체였지. 원광의 세속 5계를 지키며 무예를 익히고 몸과 마음을 단련했단다.

① 화랑도　　② 골품제　　③ 칠지도　　④ 우산국

장수왕이 보낸 스파이

고구려 장수왕의 공격에 백제는 한성을 버리고 웅진으로 도읍을 옮겼지. 이렇게 백제가 500여 년 동안 이어 온 도읍을 맥없이 고구려에게 내어 주게 된 데에는 고구려의 첩자 도림의 역할이 컸단다.

백제는 근초고왕 때 전성기를 맞이하며 한반도의 주도권을 장악하게 되었지. 하지만 고구려 광개토 대왕이 등장하면서 기세가 꺾이게 된단다. 이러한 상황을 극복하려고 노력한 왕이 바로 백제의 개로왕이야. 개로왕은 중국 북위에 사신을 보내 함께 고구려를 공격하자고 제안했어. 하지만 당시 중국 북위도 강대국으로 발돋움한 고구려의 눈치를 보고 있었기 때문에 백제의 제안을 거부하고 오히려 고구려에 이 사실을 알려 주었지.

그러자 광개토 대왕의 뒤를 이은 장수왕은 백제를 먼저 공격하기로 마음먹었어. 하지만 아무리 예전 같지 않은 백제라 해도 전면전을 벌이는 건 위험하다고 생각했지. 그래서 장수왕은 백제의 정세를 살피기 위해 도림이라는 스님을 첩자로 백제에 보냈지.

옛날에도 스파이가 있었다니, 놀라워!

　도림은 개로왕이 바둑을 매우 좋아한다는 사실을 알고 개로왕에게 접근하여 매일 개로왕과 바둑을 두었어. 이렇게 개로왕의 환심을 산 도림은 슬슬 개로왕을 꾀기 시작했어.

　"대왕이 다스리는 백제는 산과 바다와 강으로 둘러싸여 있어 주변의 나라들이 쉽게 공격하지 못하고, 대왕의 통치에 감탄하여 주변 나라가 백제를 섬기기를 원하고 있습니다. 그런데 지금 백제의 성곽과 궁궐은 초라하고 백성들의 집은 강물이 범람할 때마다 침수되기 일쑤입니다. 강한 국가의 모습이 아니오니 조금만 신경을 쓴다면 백제의 번성함이 사방에 드러날 것입니다."

　도림의 말을 들은 개로왕은 대규모 토목 사업을 벌였단다. 그러자 백제의 국고는 바닥나고 백성들의 고통은 날로 심해졌지. 백제가 흔들리자 도림은 고구려로 돌아가 이 사실을 장수왕에게 알렸어.

　때를 기다리고 있던 고구려 장수왕은 대군을 이끌고 백제의 수도 한성을 공격했어. 국력이 쇠한 백제가 고구려의 공격을 막아 내기는 어려웠단다. 결국 개로왕은 불길에 휩싸인 도성을 바라보며 고구려군에게 끌려가 죽임을 당했어. 이로써 백제는 한강 유역을 고구려에 내주고 말았단다.

도전! 한국사능력검정시험

★ 초급 41회 3번
1. (가)에 해당하는 왕으로 옳은 것은?

① 성왕
② 온조왕
③ 의자왕
④ 근초고왕

(가)
- 백제 제13대 왕
- 백제의 전성기를 이룸
- 371년 평양성 전투에서 승리
- 중국 및 왜와 활발하게 교류

★ 초급 43회 5번
2. 밑줄 그은 '나'의 업적으로 옳은 것은?

나는 신라의 제24대 왕으로 백제로부터 한강 유역을 차지한 후 북한산에 순수비를 세우게 하였노라.

① 태학을 설립하였다.
② 8조법으로 백성을 다스렸다.
③ 지방에 22담로를 설치하였다.
④ 화랑도를 국가 조직으로 만들었다.

★ 초급 46회 4번
3. (가) 왕의 업적으로 옳은 것은?

① 청해진을 설치하였다.
② 수도를 평양으로 옮겼다.
③ 지방에 22담로를 두었다.
④ 독서삼품과를 실시하였다.

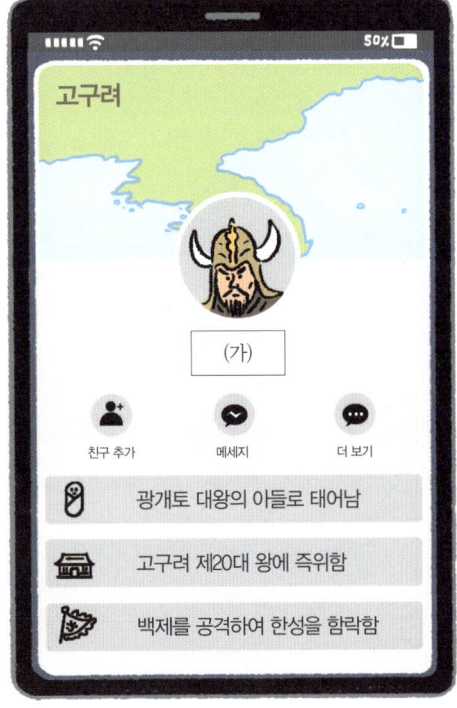

★★★ 기본 47회 4번
4. 다음 가상 인터뷰에 등장하는 왕으로 옳은 것은?

① 성왕
② 법흥왕
③ 지증왕
④ 근초고왕

357년
안악 3호분 축조

3 삼국과 가야의 사회와 문화

고구려, 백제, 신라 그리고 가야는 치열하게 경쟁하며 성장했어. 그 시대를 살아간 사람들이 어떻게 살았는지 타임머신을 타고 날아가 직접 확인할 순 없지만 남아 있는 문화유산을 통해 조금은 알 수 있단다.

삼국 시대의 문화를 보여 주는 대표적인 문화유산은 고분이야. 고분 속에서 발견된 유물과 고분 벽화를 통해 당시 사람들의 생활 모습과 사상, 종교 등을 알 수 있지.

삼국 시대 왕들은 불교를 통해 사람들의 생각을 하나로 모으고 왕권을 강화하고자 했어. 그래서 불교를 적극적으로 받아들이고 많은 불교 문화유산을 남겼지. 이밖에도 삼국의 발달된 공예 기술과 과학 기술을 엿볼 수 있는 문화유산과 다른 나라와 교류했던 흔적을 찾아볼 수 있는 문화유산도 많이 남아 있단다. 삼국 시대 사람들의 생활 모습과 문화에 대해 알 수 있는 문화유산을 만나러 가 보자.

539년 고구려 금동 연가 7년명 여래 입상

634년 경주 분황사 모전석탑 건립

639년 익산 미륵사지 석탑 건립

645년 황룡사 9층 목탑 완공

고구려의 무덤 ★ 많은 고분 벽화를 남기다

고구려의 대표적인 고분은 장군총이야.

장군총은 **돌무지무덤** 형태로 만들어졌어. 돌무지무덤은 고구려 초기에 만들어진 무덤으로 땅 위에 돌을 넓게 깐 다음 그 위에 시신을 묻고 다시 계단처럼 돌을 쌓아 올린 무덤이란다.

장군총 중국 지안에 있는 고구려의 돌무지무덤이야. 7층의 피라미드 형태로 지어졌어.

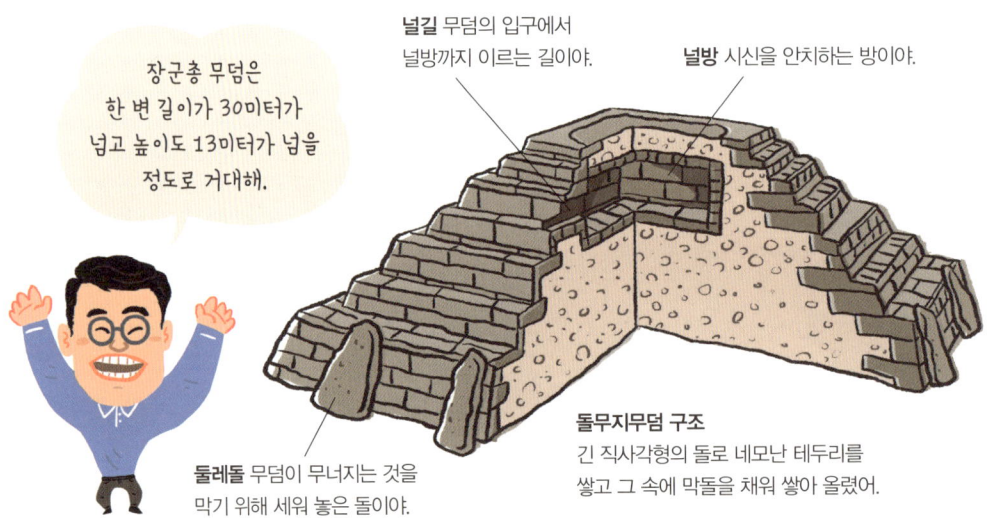

장군총 무덤은 한 변 길이가 30미터가 넘고 높이도 13미터가 넘을 정도로 거대해.

널길 무덤의 입구에서 널방까지 이르는 길이야.

널방 시신을 안치하는 방이야.

둘레돌 무덤이 무너지는 것을 막기 위해 세워 놓은 돌이야.

돌무지무덤 구조
긴 직사각형의 돌로 네모난 테두리를 쌓고 그 속에 막돌을 채워 쌓아 올렸어.

시간이 지나면서 점차 무덤의 양식이 변화하였지. 돌로 방을 만들고 통로로 연결한 뒤 그 위에 흙을 덮는 **굴식 돌방무덤**을 만들었지. 고구려 사람들은 돌로 만든 방에 관을 두고, 벽면과 천장에 벽화를 그렸단다.

고구려 무용총의 고분 벽화(모사도) 고구려 무용총은 널방 벽에 무용을 하는 그림이 그려져 있어 붙여진 이름이야. 무용총에는 무용도 외에 상서로운 동물과 선인, 사냥을 하는 모습 등 다채로운 그림이 그려져 있어.

굴식 돌방무덤 구조 돌로 방과 통로를 만들고 흙을 덮어서 만든 무덤이야.

별별 역사 속으로 ● 고구려 사람들은 어떻게 살았을까?

고구려는 다른 나라에 비해 고분 벽화를 많이 남겼어. 이를 통해 고구려 사람들의 생활 모습과 생각을 짐작해 볼 수 있단다.

생활 모습 고구려는 추운 지역에 위치해 있었기 때문에 온돌을 만들어 사용했어. 고구려의 온돌은 방바닥 전체를 데우는 것이 아니라 기역자나 일자 형태의 쪽구들을 이용해 난방을 하거나 조리를 했지. 또 고구려 사람들은 용맹하고 사냥에 뛰어났어.

부엌과 창고(안악 3호분) 한 여인이 불이 빨갛게 타오르는 부뚜막의 아궁이에 커다란 솥을 걸고 요리를 하고 있고, 창고에는 고깃덩어리가 걸려 있어.

용맹한 고구려인 정말 멋있어!

수렵도(무용총) 호랑이와 사슴을 사냥하는 모습이 그려져 있어. 말을 탄 채로 활을 쏠 정도로 용맹한 고구려인의 모습을 엿볼 수 있어.

사회 모습 고대 사회는 태어날 때부터 신분이 정해지는 신분제 사회였단다. 신분에 따라 사는 집, 옷, 하는 일이 달랐어. 고분 벽화에는 신분제 사회였던 고구려의 모습도 그려져 있단다.

묘주도(안악 3호분) 가운데 있는 사람은 크게, 그 옆의 하인들은 작게 그려 신분의 차이를 나타냈어.

건물도(모사도, 안악 1호분) 가운데에 이층으로 된 기와집이 있고, 기와집 주변에는 중간 출입문이 설치된 담장이 둘러져 있어. 담장 위에는 기와가 올려져 있단다.

놀이와 여가 놀이, 춤, 음악 등을 즐겼던 고구려 사람들의 모습을 고구려 고분 벽화에서 찾아볼 수 있어.

수박희(모사도, 무용총) 두 사람이 수박희를 겨루고 있는 모습이야. 수박희는 맨손으로 상대방을 때리며 공격하는 무술인데, 고려와 조선 시대까지 전해져 군사 훈련 등에 이용되었어.

뿔 나팔(모사도, 무용총) 뿔 나팔을 멋들어지게 연주하고 있는 모습이야. 고구려 고분 벽화에는 뿔 나팔 외에도 장고, 거문고 등을 연주하는 모습이 그려져 있어. 고구려 사람들이 다양한 악기를 즐겼다는 것을 알 수 있지.

곡예사(모사도, 수산리 고분) 광대들이 곡예를 하는 모습이야. 나무다리로 걷고, 공과 막대기 등을 던져 받는 광대의 모습이 그려져 있어.

종교와 사상 고구려 고분 벽화에는 불교 또는 도교와 관련된 그림도 있단다.

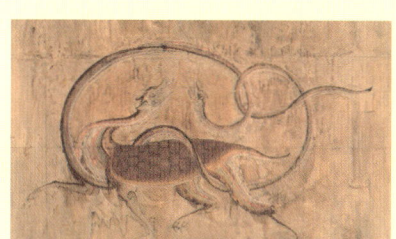

사신도 중 현무(모사도, 강서대묘) 강서대묘 내부 북쪽 벽에 그려진 현무야. 상상 속의 동물인 청룡, 백호, 주작, 현무는 도교에서 동서남북을 지키는 방위신이야.

백제의 무덤 ★ 독특한 형태의 벽돌무덤을 만들다

한성 백제 시기에 축조되었던 서울 석촌동 고분군의 3호분 기억나니? 돌을 계단식으로 쌓은 모습이 고구려의 장군총과 비슷하지. 이처럼 초기 백제는 고구려와 비슷한 계단식 돌무지무덤을 만들었단다. 시간이 지나면서 백제도 역시 입구를 만들고 방을 만드는 굴식 돌방무덤을 만들었지.

웅진으로 도읍을 옮긴 후에는 벽돌을 쌓아 **벽돌무덤**을 만들기도 했어. 무령왕릉이 대표적인 벽돌무덤이야. 무령왕릉은 백제 무령왕의 무덤으로 도굴되지 않은 유일한 백제의 왕릉이야. 그래서 무령왕릉에서는 유물이 무려 4600여 점이나 발견되었지. 무령왕릉은 중국 남조의 영향을 받아 벽돌로 축조되었고, 왕과 왕비의 나무관은 일본에서 자라는 나무인 금송으로 만들어졌지. 이를 통해 백제가 중국, 일본과 활발히 교류했다는 사실을 알 수 있어. 무령왕릉 덕분에 우리가 몰랐던 백제의 비밀이 많이 밝혀졌단다.

무령왕릉 석수 무령왕릉을 지키는 상상 속 동물이야.

무령왕릉 널방 무령왕릉은 벽돌을 쌓아 널방을 만들었어. 삼국 중 벽돌무덤을 쌓은 건 백제가 유일해. 중국 남조의 영향을 받은 것으로 보여.

별별 역사 속으로 ● 무령왕릉에서 발견된 백제 유물은 무엇일까?

연꽃무늬 잔 왕비의 머리 부근에서 발견되었어. 잔에는 연꽃과 용, 뚜껑에는 산, 나무, 사슴, 새 등이 새겨져 있어.

와, 아름다워!

금제 뒤꽂이 왕의 머리에 꽂았던 것으로 추정돼. 아래쪽은 세 개의 핀으로 구성되어 있고, 전체적으로 새의 모습이야.

나무 베개와 발 받침 둥근 반원이 하나 있는 것은 머리를 받치는 베개이고, 반원이 두 개 있는 것은 발을 받치는 받침이란다. 베개는 왕비의 것이고 발 받침은 왕의 것이야.

무령왕릉 지석 지석은 무덤 주인의 인적 사항 등을 적어 놓은 평평한 돌이야. 이 지석을 통해 무덤의 주인이 무령왕과 왕비임을 알 수 있게 되었지.

무령왕릉 나무관 왕과 왕비의 관으로 일본에서 자라는 나무인 금송으로 만들어졌어.

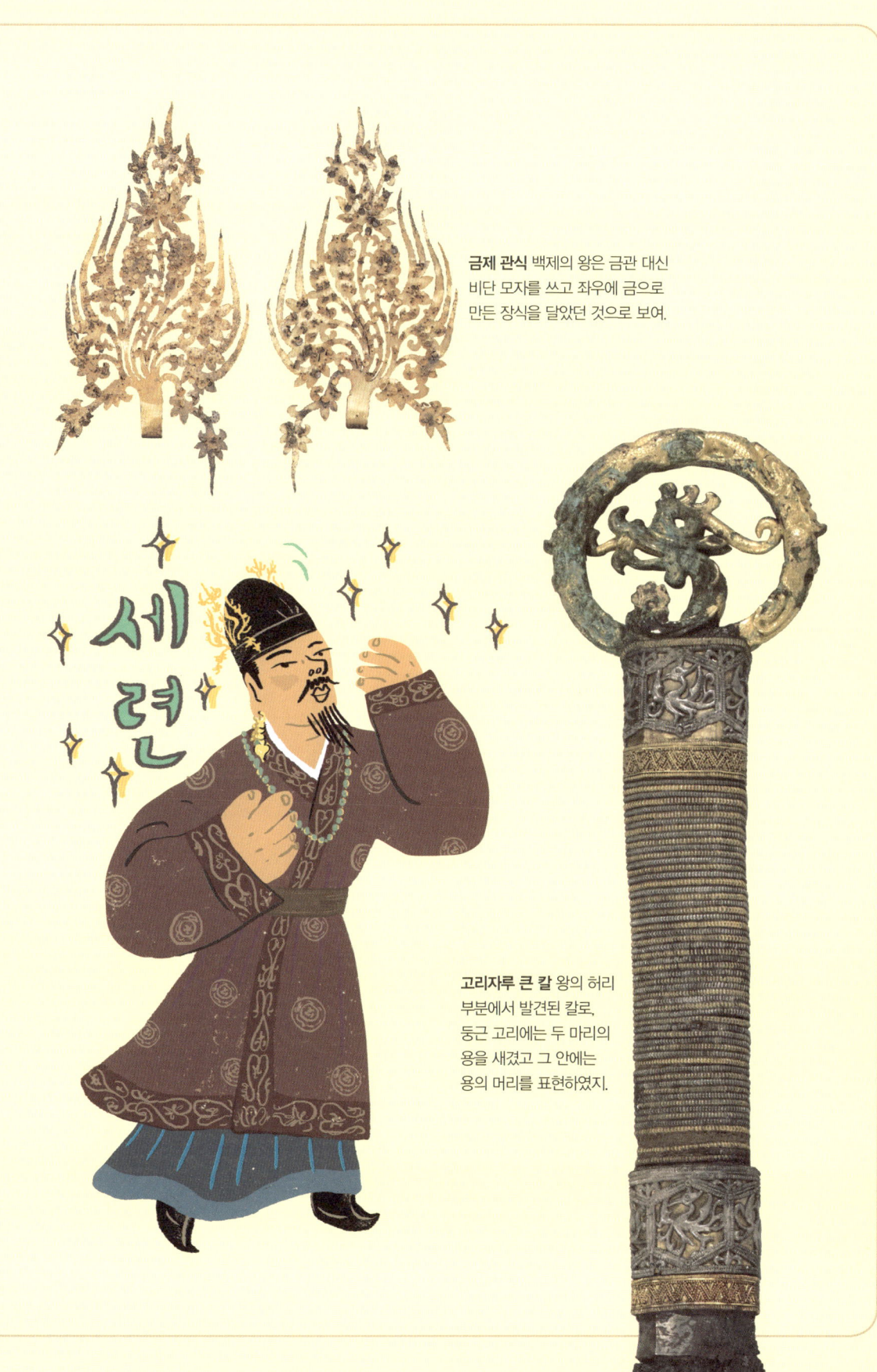

금제 관식 백제의 왕은 금관 대신 비단 모자를 쓰고 좌우에 금으로 만든 장식을 달았던 것으로 보여.

고리자루 큰 칼 왕의 허리 부분에서 발견된 칼로, 둥근 고리에는 두 마리의 용을 새겼고 그 안에는 용의 머리를 표현하였지.

신라의 무덤 ★돌무지덧널무덤을 만들다

신라는 고구려, 백제와 완전히 다르게 신라 특유의 무덤을 만들었단다. 나무로 커다란 방을 만들고 그 안에 죽은 사람을 모신 널과 장신구 같은 껴묻거리를 넣었어. 그리고 그 위에 돌멩이를 산처럼 쌓아 올린 뒤 흙으로 덮었지. 이렇게 만든 무덤을 **돌무지덧널무덤**이라고 해. 천마총이 대표적인 돌무지덧널무덤이야. 천마총에서는 금관, 금 귀걸이 등 화려한 장신구가 많이 발견되었단다.

껴묻거리는 장례를 지낼 때 죽은 사람과 함께 묻는 물건을 통틀어 이르는 말이야.

대릉원 경주에 있는 신라 시대 고분군이야. 중간중간에 봉긋하게 솟은 것이 무덤이야.

천마총 신라 지증왕의 무덤으로 알려져 있어. 무려 1만 5000여 점의 유물이 쏟아져 나왔어.

돌무지덧널무덤 단면도와 구조

별별 역사 속으로 신라 고분에서 발견된 신라 유물은 무엇일까?

천마도(천마총) 말을 탄 사람에게 진흙 등이 튀지 않도록 말 안장 아래로 늘어뜨려 사용하는 기구인 '장니'에 그린 그림이야. 하얀 천마 한 마리가 하늘로 날아 올라가는 모습을 그렸어.

청동 '광개토 대왕'명 호우(호우총) 광개토 대왕의 이름이 새겨져 있는 청동 그릇이야. 무덤의 주인이 고구려로부터 선물 받은 그릇일 거라 추정하고 있어. 고구려와 신라의 관계가 긴밀했음을 알 수 있지.

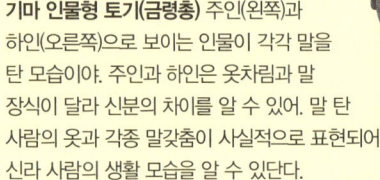

기마 인물형 토기(금령총) 주인(왼쪽)과 하인(오른쪽)으로 보이는 인물이 각각 말을 탄 모습이야. 주인과 하인은 옷차림과 말 장식이 달라 신분의 차이를 알 수 있어. 말 탄 사람의 옷과 각종 말갖춤이 사실적으로 표현되어 신라 사람의 생활 모습을 알 수 있단다.

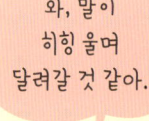

와, 말이 히힝 울며 달려갈 것 같아.

금관과 금제 허리띠(천마총) 금관은 나뭇가지 모양과 사슴뿔 모양 장식에 굽은 옥 등을 달아 화려하게 꾸며져 있어. 금제 허리띠에는 칼, 물고기 등 다양한 모양의 드리개가 달려 있단다.

금제 관모(천마총) 금으로 만든 모자의 일종으로, 모양이 다른 판 4개를 연결해서 만들었어.

금제 관식(천마총) 관모 앞에 꽂는 장신구로 새 날개 모양이야.

가야의 무덤 ★ 순장 무덤을 만들다

대가야 왕들의 무덤은 대가야의 터전이었던 고령의 산등성이를 따라 줄지어 늘어서 있어. 특히 이곳에서는 대규모의 순장 무덤이 발견되었지. 왕이나 귀족이 죽으면 살았을 때 그들과 함께했던 부인, 신하, 하인 등을 함께 묻은 무덤이 순장 무덤이야. 고대의 장례 풍습으로 고대가 신분제 사회였다는 것을 보여 주지.

가야인들은 독특하고 재미있는 모양의 토기를 많이 만들었어.

앗, 오리다!

오리 모양 토기 가야 사람들은 죽은 사람이 하늘로 날아가길 바라는 마음으로 오리 모양 토기를 만들어 함께 묻었어.

큰별쌤 별별 생각

고구려, 백제, 신라, 가야의 무덤과 그 안에서 발견된 유물들을 살펴보면서 어떤 생각이 드니? 사실 이런 무덤은 아무나 만들 수 없었어. 이렇게 어마어마한 크기의 무덤을 만들려면 얼마나 많은 시간과 사람의 힘이 필요했겠니? 당연히 왕이나 귀족 등 지배층의 무덤이었을 거야. 무덤의 크기는 그 지배자의 권력이 얼마나 강했는지 보여 주지. 하지만 우리는 무덤을 만든 평범한 사람들을 잊지 말자.

별별 역사 속으로 ● 가야의 고분에서 발견된 가야 유물은 무엇일까?

가야의 토기 가야에서는 수레바퀴 모양 토기, 굽다리 접시, 긴 목 항아리와 그릇 받침 등 다양한 모양의 토기가 많이 만들어졌어.

금 귀걸이(창녕 송현동 고분군) 신라의 금 귀걸이만큼 화려하진 않지만 가야에서도 다양한 귀걸이가 만들어졌어.

금동관(고령 지산동 32호분) 대가야의 금동관으로 가야의 독창적인 문화와 세련된 미적 감각을 엿볼 수 있어. 일본에서도 비슷한 은제 도금 관이 발견되어 가야와 왜가 교류했다는 것을 알 수 있어.

삼국의 불교 문화 ★ 불교 예술을 발전시키다

고구려, 백제, 신라 모두 전쟁을 많이 치러야 했기 때문에 국가를 보호하려는 염원을 담은 절과 탑을 많이 만들었어.

백제의 무왕은 미륵사를 세웠고, 신라 진흥왕은 황룡사를 세웠어. 아쉽지만 미륵사와 황룡사는 터만 남아 있지. 탑은 원래 부처의 사리를 모시기 위해 만들어졌으나 이후 탑이 많이 만들어지면서 부처의 말씀을 담은 경전이나 작은 불상 등을 탑 안에 넣기도 했지. 우리나라에 불교가 처음 들어왔을 때는 황룡사 9층 목탑처럼 나무로 만든 탑이 많이 만들어졌지만, 점차 미륵사지 석탑이나 정림사지 5층 석탑처럼 돌로 만든 석탑을 만들게 되었지. 또 돌을 벽돌처럼 깎아 쌓은 분황사 모전석탑도 만들었단다.

★ 큰별쌤 별별 정보 ★

사리는 불교에서 참된 수행의 결과로 생긴다는 구슬 모양의 유골을 말해. 석가모니가 죽자 그 유골을 8개로 나눈 뒤 각지에 탑을 세우고 그 안에 안치했다고 해. 이후 절에서 탑을 만들기 시작했다고 전해지고 있어.

부여 정림사지 5층 석탑(백제) 사비 시대 백제의 세련되고 정제된 문화를 보여 주는 탑이야.

돌로 탑을 만들다니, 대단해!

아쉽게도 황룡사 9층 목탑은 고려 시대 몽골 침입 때 불타 없어져 지금은 볼 수 없단다.

황룡사 9층 목탑(신라, 복원 모형) 신라 황룡사 9층 목탑은 선덕 여왕 때 세워졌어. 주변 9개 나라를 제압하고자 하는 바람을 담아 9층으로 지었다고 해.

경주 분황사 모전석탑(신라) 돌을 벽돌 모양으로 깎아서 쌓은 석탑이야. 현재 남아 있는 신라 석탑 중에서 제일 오래된 석탑이야.

익산 미륵사지 석탑(백제) 돌을 깎아 목탑처럼 쌓아 올렸어. 남아 있는 백제의 탑 중 가장 오래되었지. 해체 수리 과정을 거쳐 복원되었어.

삼국은 다양한 불상을 제작하였어. 조기에는 자비로운 미소를 머금은 불상을 많이 만들었는데, 백제의 서산 용현리 마애여래 삼존상과 신라의 경주 배동 석조 여래 삼존 입상이 대표적인 불상이야. 고구려의 금동 연가 7년명 여래 입상은 친근한 미소를 머금고 있지. 또 삼국 시대에는 미륵 신앙이 유행해서 미륵보살 빈가 상을 많이 만들었단다.

금동 연가 7년명 여래 입상(고구려)
부처의 몸에서 나오는 빛을 형상화한 광배 뒷면에 539년에 고구려에서 만들었다는 글자가 새겨져 있어.

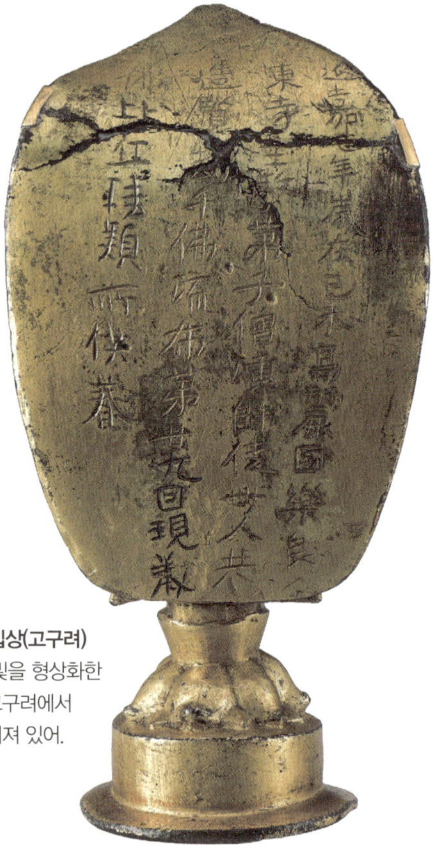

미륵 신앙은 미래의 부처인 미륵이 나타나 세상을 구해 준다는 신앙이야. 미륵 신앙은 살기 힘든 백성들에게 언젠가 미륵이 나타나 고통스러운 현실에서 벗어나게 해 줄 거라는 희망을 주었지.

서산 용현리 마애여래 삼존상(백제) 백제 사람들이 중국과 교류하기 위해 오가던 길목에 만든 불상이야. 절벽에 조각되어 있는 이 불상은 '백제의 미소'로 널리 알려졌어.

정말 온화한 미소를 짓고 있네~.

경주 배동 석조 여래 삼존 입상(신라) 둥근 눈썹, 다문 입, 깊게 파인 보조개, 살찐 뺨 등을 통해 온화하고 자비로운 부처의 모습을 표현하고 있어.

금동 미륵보살 반가 사유상 미래에 나타나 중생을 구제한다는 미륵보살의 모습이야. 깊은 명상에 잠긴 모습의 반가 사유상이야.

별별 역사 속으로 ● 백제 금동 대향로에 대해 알아볼까?

　백제 금동 대향로는 부여 능산리 절터 주차장 공사 현장에서 발견되었단다. 진흙 속에 파묻혀 있어서 원래 모습 그대로 발견될 수 있었지. 백제 금동 대향로가 발견된 능산리 절터는 사비 시대의 왕실 무덤으로 보이는 능산리 고분군 옆에 있어. 아마도 이곳에 묻혀 있는 왕들이 편안하게 잠들도록 하기 위해 절을 지은 게 아닐까?

　향로는 제사를 지낼 때 사용하는 것이니 능산리 절터에서 나온 게 이상하진 않아. 그런데 왜 진흙 속에 묻혀 있었을까? 백제의 수도 사비가 함락될 때 금동 대향로를 들고 급하게 피신한 어느 백제인을 상상해 보렴. 난리 통에 피신하는 게 급했던 백제인은 다시 찾으러 올 거라 믿으며 진흙 속에 금동 대향로를 묻어 두고 떠났다가 돌아오지 못한 건 아닐까? 그렇게 진흙 속에 묻혀 있던 백제 금동 대향로는 1400여 년 만에 백제인이 아닌 현대인에 의해 발견되었어.

　백제 금동 대향로 꼭대기에는 봉황이 날개를 편 채 서 있고 뚜껑에는 23개의 산들이 첩첩산중을 이루고 있지. 받침은 활짝 핀 연꽃 모양으로 꽃잎에는 다양한 생물이 조각되어 있어. 백제 시대의 뛰어난 공예 기술을 엿볼 수 있는 최고의 걸작품이야. 또 백제 금동 대향로에는 도교와 불교의 이상 세계가 잘 나타나 있어. 자세히 보면 다양한 인물과 동식물이 조각되어 있는데, 불로장생하는 신선이 용, 봉황과 같은 상상의 동물들과 어우러져 살고 있는 세계를 표현한 거야.

★ 큰별쌤 별별 정보 ★

　도교는 무위자연설을 바탕으로 하는 중국의 대표적인 종교야. 속세를 떠나 신의 세계에 살며 젊음을 유지한 채 죽지 않는다는 신선 사상을 기반으로 발생했지. 정말 그럴 수 있다면 좋겠지?

봉황 봉황은 도교에서 천하가 태평할 때 나타나는 새라고 전해져. 봉황 앞가슴과 악사 조각 앞뒤에는 다섯 개의 구멍이 뚫려 있어 향을 피우면 그 구멍으로 연기가 피어오르지.

향로 뚜껑 산봉우리에 5인의 악사, 각종 인물, 상상의 동물, 현실의 동물, 식물, 폭포, 호수 등이 빼곡하게 조각되어 있어.

향로 받침 용의 입에서 연꽃이 피어오르는 모습을 표현했어. 활짝 핀 연꽃의 꽃잎 하나하나에는 물고기, 새, 인물 등이 조각되어 있어. 용과 연꽃은 불교의 이상 세계와 관련되어 있지.

별별 역사 속으로 경주 첨성대에 대해 알아볼까?

신라의 도읍이었던 경주에 가면 첨성대를 볼 수 있어. 선덕 여왕 때 만들어진 첨성대는 천체의 운행을 관측하는 천문대였을 것으로 추측하고 있지. 천문대는 보통 산꼭대기에 있는데 왜 첨성대는 평지에 있을까?

요즘에 별을 관찰하러 산 위에 올라가는 건 도시의 불빛을 피하기 위해서야. 건물마다 불이 환하게 켜져 있는 도시에서는 별을 관찰하기 어렵겠지? 하지만 신라 시대의 밤은 산꼭대기나 평지나 똑같이 깜깜했을 거야. 지금처럼 전깃불이 없었으니까 말이야. 그래서 굳이 산꼭대기로 올라갈 필요가 없었던 거지.

그 시대에 천체의 운행을 관측하는 천문대가 왜 필요했을까? 하늘의 움직임에 따라 농사 시기를 결정할 수 있기 때문에 하늘을 관찰하는 일은 아주 중요했어. 또 국가의 길흉을 점칠 때도 천체의 움직임을 활용했지.

큰별쌤 별별 생각

과거의 사람을 만날 때, 그리고 과거의 문화유산을 마주할 때 잊지 말아야 할 것이 있어. 그 당시 사람들의 입장에서 문화유산을 바라봐야 한다는 것! 그걸 잊지 않았으면 해.

삼국과 가야의 대외 교류
★ 이웃 나라와 교류하며 발전하다

삼국은 중국뿐만 아니라 중국 서쪽에 있던 중앙아시아 여러 나라들과도 교류하면서 문화를 발전시켰어.

고구려 고분 각저총에 그려져 있는 벽화 〈씨름도〉를 잘 살펴보면 큰 눈에 매부리코인 외국 사람이 고구려 사람과 씨름을 하고 있지. 생김새를 볼 때 서역인이라고 부르는 중앙아시아 사람일 것으로 추정돼. 고구려가 중국은 물론 몽골과 중앙아시아 유목 민족과도 교류했다는 것을 알 수 있지.

신라의 도읍이었던 경주에서 출토된 보검은 신라의 칼 모양과 완전히 달라. 이

삼국 사신의 모습 당의 〈왕회도〉에 그려진 삼국 사신의 모습이야. 왼쪽부터 백제, 신라, 고구려 사신의 모습이란다.

씨름도(모사도, 각저총) 고구려 사람과 씨름하고 있는 사람의 생김새로 짐작해 볼 때 중앙아시아 사람일 것으로 추정돼.

런 모양은 유럽이나 중동 지방에서만 발견되었고 동양에서는 발견된 적이 없어서 당시 동서양의 문화 교류를 알 수 있는 중요한 자료야. 유리 제품 역시 수입되었을 거라 짐작하고 있어. 어떻게 해서 이런 물건들이 신라의 무덤에서 발견되었을까? 신라는 실크 로드의 동쪽 끝에 위치하고 있었단다. 그래서 이 길을 통해 중국을 넘어 서역까지 교류할 수 있었던 거지.

 ★ 큰별쌤 별별 정보 ★

> 비단길이라고 일컫는 실크 로드(Silk Road)는 고대 중국과 서역 간에 비단을 비롯한 여러 가지 무역을 하면서 오고 간 길을 말해. 서역은 중국의 서쪽이라는 뜻으로 지금의 중앙아시아와 중동, 유럽, 북아프리카까지 아우르는 지역을 일컫는 말이야. 삼국도 이 실크 로드를 통해 여러 나라들과 오가면서 자연스럽게 정치, 경제, 문화를 교류하게 되었단다.

경주 계림로 보검 경주 계림로에 위치한 무덤에서 출토되었어. 이란이나 중앙아시아의 벽화에서도 이 보검과 비슷한 칼을 찬 사람의 모습을 볼 수 있다고 해.

경주 고분에서 출토된 유리제 병과 잔 로마의 유리 제품과 비슷한 모양이야.

삼국 시대의 금동 미륵보살 반가 사유상과 일본 교토에 있는 목조 미륵보살 반가 사유상의 모습을 비교해 보면 비슷하다는 것을 알 수 있을 거야. 삼국과 가야의 문화는 일본 고대 문화 형성에 많은 영향을 주었단다. 특히 백제는 일본과 활발히 교류하며 일본 불교 문화 형성에 큰 영향을 주었어. 백제의 아직기와 왕인은 일본에 한자와 천자문 등을 전하기도 했지.

삼국과 일본의 반가 사유상 삼국의 금동 미륵보살 반가 사유상(오른쪽)과 일본 고류사 목조 미륵보살 반가 사유상(왼쪽)은 매우 흡사한 모습을 하고 있어.

고구려의 담징은 일본에 종이와 먹 만드는 법을 전하였어. 일본의 다카마쓰 고분 벽화와 고구려 수산리 고분 벽화에 그려져 있는 여인들이 옷차림이 매우 비슷하지? 다카마쓰 고분 벽화가 고구려의 영향을 받아 그려진 것으로 보여. 신라의 배 만드는 기술과 둑 쌓는 기술도 일본에 전해졌고, 가야의 토기 제작 기술도 일본으로 전해져 일본 토기인 스에키가 만들어지게 되었지.

이렇게 삼국은 주변국과 많은 문물을 교류하며 성장해 나갔단다.

비슷한 화풍의 고구려와 일본 벽화 고구려 수산리 고분 벽화(모사도, 왼쪽)와 일본 다카마쓰 고분 벽화(오른쪽)에서 보이는 여인들의 옷차림뿐만 아니라 벽화의 내용이나 화풍 등이 비슷해.

가야의 토기(왼쪽)와 일본의 스에키(오른쪽) 스에키는 회색 또는 회갈색을 띤 일본 토기로 '쇠처럼 단단한 토기'라는 뜻이야. 가야의 토기 제작 기술을 전수받아 단단한 토기를 만들 수 있었지.

큰★별쌤 한판 정리

	고구려	백제	신라	가야
고분	돌무지무덤(장군총) ↓ 굴식 돌방무덤 → 입구○, 벽화○, 도굴○	돌무지무덤(석촌동 고분), 벽돌무덤(무령왕릉) ↓ 굴식 돌방무덤	돌무지덧널무덤(천마총) → 입구X, 벽화X, 도굴X	・산등성이에 고분군 조성 ・순장
불상	금동 연가 7년명 여래 입상	서산 용현리 마애여래 삼존상	경주 배동 석조 여래 삼존 불상	
석탑		・익산 미륵사지 석탑 (목탑 → 석탑) ・부여 정림사지 5층 석탑	・분황사 모전석탑 ・황룡사 9층 목탑 (선덕 여왕)	

고구려 초기에 돌무지무덤을 만들었는데 점차 굴식 돌방무덤을 제작하였어. 고구려의 굴식 돌방무덤에는 많은 고분 벽화가 남아 있어.
백제 역시 초기에는 돌무지무덤을 만들었고 웅진 천도 이후 중국의 영향을 받아 무령왕릉 등 벽돌무덤을 축조하기도 했어. 이후에는 백제도 굴식 돌방무덤을 만들었어.
신라 돌무지덧널무덤을 제작하였는데 도굴이 어려워 많은 껴묻거리가 남아 있어.
가야 산등성이에 지배층의 무덤을 조성하였고 순장의 풍습이 있었어.

	고구려	백제	신라	가야
기타 문화 유산	청동 '광개토 대왕'명 호우 (호우총)	금동 대향로	· 상형 토기 · 첨성대	
	금동 미륵보살 반가 사유상 → 고류사 목조 미륵보살 반가 사유상			
대외 교류	· 각저총 씨름도 서역인 → 서역 교류 · 수산리 고분 벽화 → 일본 다카마쓰 고분 벽화	무령왕릉 → 중국, 일본과 교류	계림로 출토 황금 보검, 황남대총 출토 유리 그릇 → 서역 교류	토기 → 스에키

> 고구려, 백제, 신라, 가야의 문화를 잘 살펴보자.

백제의 금동 대향로 뛰어난 금속 공예 기술을 보여 주는 작품이야.
신라의 첨성대 천문 관측 기구로 알려져 있어.
고구려의 청동 '광개토 대왕'명 호우 고구려와 신라의 관계를 알 수 있어.
대외 교류 각저총 씨름도의 서역인이나 유리 그릇을 통해 서역과도 교류했다는 사실을 알 수 있어. 또 일본에 문화를 전파했지.

큰★별쌤 별별 퀴즈

1. ★ 안에 들어갈 알맞은 말을 써 볼까요?

- 경주 분황사 ★★ 석탑은 돌을 벽돌 모양으로 다듬어 쌓았다.

- 신라 고분인 ★★★ 에서 천마도가 발견되었다.

- 신라 선덕 여왕 때 축조된 ★★★ 는 천문 관측대로 추측된다.

2. 고구려, 백제, 신라의 문화유산을 선으로 연결해 볼까요?

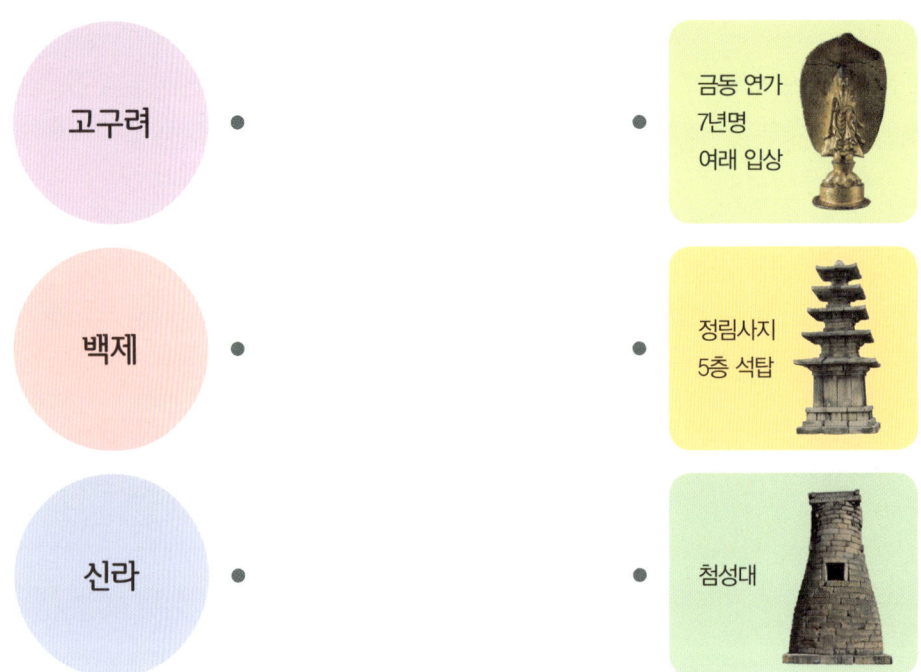

3. 다음 문장이 맞으면 O, 틀리면 X에 동그라미를 그려 볼까요?

- 고구려 고분 벽화를 통해 고구려 사람들의 종교와 생활 모습 등을 알 수 있다.

- 고구려와 백제의 초기 무덤은 굴식 돌방무덤 양식이다.

- 삼국과 가야는 일본의 문화에 많은 영향을 주었다.

- 경주 계림로 보검과 유리 그릇 등은 신라와 서역의 교류를 알려 주는 유물이다.

4. 다음 유물 카드에 들어갈 알맞은 사진을 골라 볼까요?

유물 카드
- 유물명 : ○○ ○○○
- 시대 : 백제
- 출토지 : 부여 능산리 절터
- 특징 : 제사를 지낼 때 사용하던 것으로 도교와 불교의 이상 세계가 잘 나타나 있다.

백제의 뛰어난 금속 공예를 알 수 있는 유물로 봉황이 조각되어 있단다.

① 금제 장식 ② 금동 대향로 ③ 오리 모양 토기 ④ 무령왕릉 석수

큰★별쌤 별별 특강

신라의 여왕

우리나라 역사 속에서 여왕은 신라의 선덕, 진덕, 진성 여왕뿐이야. 신라에서만 여왕이 나온 이유는 신라의 독특한 신분 제도인 골품 제도 때문이야. 신라의 신분은 골과 품으로 구분되는데, 골은 왕이 될 수 있는 성골과 최고 귀족인 진골로 나뉘어져. 성골은 성골끼리 결혼을 해야 자식 역시 성골이 될 수 있었어. 성골이 진골과 결혼해서 아이를 낳으면 그 아이는 진골이 되었지. 그래서 시간이 흐를수록 성골의 수는 줄어들어 결국 성골인 남자는 한 명도 남지 않았어. 그래서 선덕 여왕이 즉위했고 선덕 여왕의 뒤를 이어 동생인 진덕 여왕도 왕위에 올랐어. 통일 후에는 진성 여왕이 왕위에 올랐지. 아들이 없었던 정강왕이 자신의 여동생을 임금으로 받들라는 유언을 남겨 진성 여왕이 왕위에 오르게 된 거야. 성별보다는 혈통을 더 중시했다는 것을 알 수 있어. 또 신라 시대에는 여성의 지위가 상대적으로 높았어. 신라에서는 여성이 국신으로 숭배되고 제사장으로 군림하기도 했단다.

선덕 여왕, 진덕 여왕, 진성 여왕은 각각 어떤 왕이었을까?

선덕 여왕 때에는 분황사, 황룡사 9층 목탑과 같은 불교 문화재를 많이 만들었어. 첨성대도 선덕 여왕 때 만들어졌다고 해. 또 선덕 여왕은 당의 문화를 적극적으로 받아들였고 김유신과 김춘추 등 뛰어난 인재를 등용했지.

진덕 여왕은 김춘추를 당에 보내 나·당 연합을 이끌어 내고 김춘추, 김유신과 함께 제도를 개혁하고 왕권을 강화하였지. 하지만 진덕 여왕 역시 자식 없이 죽자 성골의 대는 완전히 끊기게 되었고 진골 출신인 김춘추가 왕위에 올랐어. 이후에는 계속 진골 출신이 왕위에 오르게 되었단다.

한편 진성 여왕은 신라의 멸망을 재촉한 왕으로 평가되고 있어. 신라 말 진골 귀족 간의 왕위 다툼으로 사회가 매우 혼란했었어. 그런데 진성 여왕은 사랑하는 사람이  세상을 떠나자 정사를 돌보지 않고 유모였던 부호 부인에게 정치를 맡겼단다. 결국 진성 여왕 때 원종·애노의 난 등 농민 봉기가 일어났어. 그러자 진성 여왕은 모두 덕이 없는 자신 탓이라며 오빠의 아들에게 왕위를 물려줬어. 실정을 책임지고 스스로 왕위에서 내려온 거야.

진성 여왕은 나라를 혼란에 빠뜨렸지만 선덕 여왕과 진덕 여왕은 나름의 업적을 남기며 나라를 잘 이끌었어. 하지만 후대의 역사가들은 신라의 여왕에 대해 좋은 평가를 남기지 않았어. 고려 시대 《삼국사기》를 쓴 김부식은 선덕 여왕에 대해 '여자가 왕위에 있으니 난세다. 망하지 않은 게 다행이다.'라고 평가하기도 했지.

도전! 한국사능력검정시험

★ 초급 41회 4번

1. 다음 답사 지역에 있는 문화유산으로 옳은 것은?

① 분황사 모전 석탑
② 경천사지 10층 석탑
③ 정림사지 5층 석탑
④ 월정사 8각 9층 석탑

★ 초급 41회 7번

2. (가)에 들어갈 문화유산으로 옳은 것은?

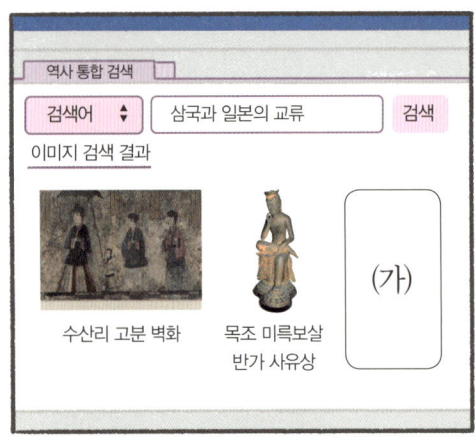

① 칠지도
② 청자 참외모양 병
③ 논산 관촉사 석조 미륵보살 입상
④ 몽유도원도

★ 초급 42회 8번
3. (가)에 들어갈 문화유산으로 옳은 것은?

① 금동 대향로

② 오리모양 토기

③ 금동 연가 7년명 여래 입상

④ 산수무늬 벽돌

★ 초급 43회 10번
4. (가)에 들어갈 문화유산으로 옳은 것은?

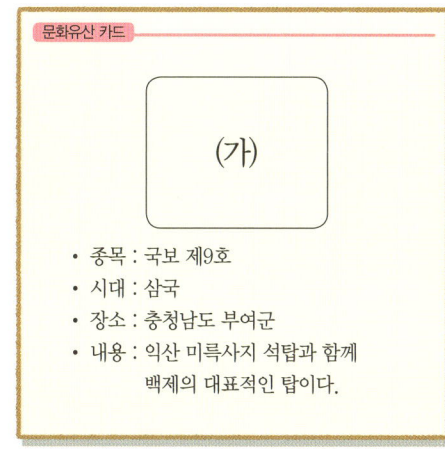

① 불국사 3층 석탑

② 월정사 8각 9층 석탑

③ 분황사 모전 석탑

④ 정림사지 5층 석탑

4 삼국의 통일

 삼국은 한강 유역을 차지하기 위해 서로 경쟁했어. 한강 유역을 차지한 나라가 한반도의 주도권을 장악하였지. 6세기 신라는 한강 유역을 차지하며 삼국 통일의 발판을 마련하고 7세기 삼국을 통일했어. 어떻게 동아시아 최강자였던 고구려가 아니라 신라가 삼국을 통일하게 되었을까?

 5세기 고구려 광개토 대왕과 장수왕이 활약한 시기에 중국은 여러 나라로 쪼개져 끊임없이 전쟁을 했어. 나라가 분열되어 있으면 자기들끼리 싸우느라 주변 다른 나라를 신경 쓸 여유가 없어. 그런데 6세기 후반 수가 중국 대륙을 통일하고 세력을 확장하기 위해 나라 밖으로 눈을 돌렸단다. 중국의 이러한 변화로 고구려는 위기에 처했어. 고구려의 이런 위기는 삼국 통일에 큰 영향을 주었지. 삼국 통일 과정에서 어떤 일이 일어났는지 알아보자!

612년	645년	660년	668년	676년
살수 대첩	안시성 전투	백제 멸망	고구려 멸망	삼국 통일

고구려의 위기 ★ 수와 당의 침입을 막아 내다

　중국 대륙을 통일한 수는 호시탐탐 고구려를 노렸어. 수 문제가 고구려를 침입하였으나 별다른 성과 없이 돌아가고 다시 수 양제가 113만 명이 넘는 군사를 이끌고 고구려로 쳐들어왔어. 113만 명이 행진을 하면 그 길이가 얼마나 될까? 무려 400킬로미터가 넘는 길이로 서울에서 부산까지의 거리보다 더 길지. 군사들이 서울에서 부산까지 길게 줄을 섰다고 생각해 봐. 정말 엄청난 규모지?

　고구려는 대위기를 맞았어. 그런데 그 위기를 기회로 바꾼 사람이 있었단다. 바로 **을지문덕** 장군이야. 을지문덕은 군사 113만 명이 먹어야 할 식량이 어마어마하다는 걸 간파했지. 그래서 수 군대가 이동하는 길목마다 식량이 될 만한 것들을 모두 다른 곳으로 옮겨 놓거나 불태워 버렸어. 식량을 구하기 어려워진 수 군대는 굶어 죽지 않으려면 전쟁을 빨리 끝내고 돌아가야 했어. 을지문덕은 성 안에서 나오지 않고 수비만 하면서 수 군대가 지치기만을 기다렸지. 수 군대가 지쳤다 싶었을 때 을지문덕은 수 장군에게 편지 한 통을 보냈단다.

　　신묘한 그대의 작전은 천문을 꿰뚫었고,
　　기묘한 계산은 지리를 통달하였도다.
　　전쟁에서 승리한 공이 이미 높으니,
　　만족한 줄 알았으면 그만 돌아가길 원하노라.

　그 정도면 최선을 다했으니 그만 돌아가라는 뜻이었지. 결국 수 군대 113만 명 중에 평양으로 진격했던 수의 별동대 30만 명은 철수를 결정했어. 별동대가 청천강을 건너고 있을 때 을지문덕은 기회를 놓치지 않고 공격 개시 명령을 내렸단다. 수의 별동대는 큰 피해를 입었고, 이 전투에서 살아 돌아간 수 군사는 고작 2700

명뿐이었대. 대단하지? 수 군대의 침략을 슬기롭게 막아 낸 이 전투가 바로 **살수 대첩**이야.

 이후 수는 고구려와의 무리한 전쟁으로 국력을 소모한 데다가, 나라 곳곳에서 반란이 일어 결국 멸망하고 말았지. 이렇게 중국의 통일 왕조 수와 동북아 최강자 고구려의 대결은 고구려의 승리로 끝났어.

하지만 전쟁이 끝난 건 아니었어. 수 다음에 중국을 통일한 당과 또다시 큰 전쟁을 치러야 했어. 당의 군대는 무서운 기세로 쳐들어왔어. 요동성과 백암성을 차례로 무너뜨리고, 급기야 안시성까지 포위했단다. **안시성**은 군사적으로 매우 중요한 곳이기 때문에 고구려는 더 이상 물러설 수 없었지. 하지만 당의 군대는 수많은 병사들을 동원해서 순식간에 안시성보다 더 높은 토성을 쌓고 수십 일에 걸쳐 공격했어. 안시성의 성주와 백성은 기회를 노리고 있다가 큰 비가 내려 당의 토성이 무너지자 그 틈을 노려 공격을 하였고 결국 당의 군대를 물리쳤단다. 이후에도 고구려는 몇 차례에 걸친 당의 공격을 모두 막아 냈단다. 정말 대단하지?

이때 고구려가 당에 졌다면 어떻게 되었을까? 백제와 신라마저 당의 공격을 받고 무너지지 않았을까? 고구려가 수와 당의 침입을 막아 냄으로써 한반도를 지켜 낸 거야.

고구려 성과 방어 체제

고구려 사람들은 이렇게 성을 쌓고 당의 침입을 막아 냈구나. 정말 대단해!

옆 방향으로 공격이 가능한 '치'를 만듦.

성문을 보호하는 '옹성'을 만듦.

★ 큰별쌤 　 별별 정보 ★

고구려는 산의 험난한 지형을 이용하여 성을 쌓았어. 적이 쳐들어오면 마을의 농작물과 가축 등을 없애고 우물을 메워 적이 이용할 수 없게 하였지. 그런 다음 곡식과 무기를 가지고 산성으로 들어가 적의 공격에 대항했단다.

야철신(모사도, 오회분 4호) 대장간에서 철을 제련하는 모습을 묘사한 고구려 고분 벽화야. 고구려에서는 철로 강력한 무기와 갑옷을 만들었어.

개마무사 고구려 병사들은 얇은 강철판으로 만들어진 갑옷과 투구로 무장했어. 말까지 철갑을 씌운 무사라는 뜻으로 '개마무사'라고 불렀지. 개마무사는 적과의 싸움에서 가장 중요한 역할을 하였단다.

전투도(모사도, 통구 12호분) 긴 창을 들고 말을 탄 채 질주하는 무사가 그려져 있어. 무사는 비늘 모양의 갑옷과 투구로 중무장한 모습이야.

수와의 싸움인 살수 대첩과 당과의 싸움인 안시성 전투 모두 어마어마한 상대와의 싸움이었지. 그런데도 고구려는 주눅 들지 않고 상대의 숨겨진 약점을 찾아내려 했어. 그 결과 전투에서 멋지게 승리했지. 살아가면서 어려운 일을 만나게 되더라도 절대 포기하지 말자. 분명히 뚫고 나갈 수 있는 길이 있을 거야. 역사에서 그렇게 이야기해 주고 있잖아. 이것이 역사를 배우는 이유이기도 해.

백제와 고구려의 멸망 ★ 나·당 연합군에 멸망하다

북쪽에서 중국과 고구려가 치열하게 싸우고 있을 때 남쪽에서는 무슨 일이 일어나고 있었을까?

7세기 중반 백제 의자왕은 신라를 공격해서 성을 여러 개 빼앗았어. 전성기를 지나 국력이 예전 같지 않았던 신라는 위기감을 느끼고 고구려에 **김춘추**를 보내 도움을 요청했어. 당시 고구려를 이끌고 있던 연개소문은 신라의 구원 요청을 외면했어. 그러자 신라의 김춘추는 당으로 건너가 동맹을 제안했지. 고구려와의 전투에서 번번이 패배한 당은 고구려를 꺾기 위해서는 신라의 도움이 필요하다고 여겨 신라의 제안을 받아들이고 함께 **나·당 연합군**을 결성하였어. 당이 신라에 군사를 내어 주는 대신 신라는 대동강 이북의 고구려 땅을 당에 양보하기로 약속했지.

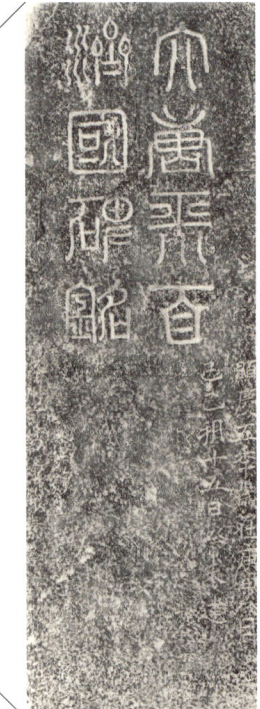

부여 정림사지 5층 석탑 백제의 대표적인 석탑이면서 백제 멸망의 비통함을 간직한 석탑이기도 해. 1층 탑신에 '대당평백제국비명(大唐平百濟國碑銘)'이라고 적혀 있어. 당이 백제를 정벌했다는 내용으로 백제의 옛 수도 한가운데 위치한 정림사에 백제의 멸망 사실을 새김으로써 백제인의 자존심을 짓밟은 거야.

나·당 연합군의 1차 목표는 백제를 무너뜨리는 것이었어. 고구려보다 상대적으로 약한 백제를 먼저 치겠다는 전략이었지. 당시 백제는 지배층의 권력 다툼으로 흔들리고 있었거든. 이 틈을 노려 당과 신라의 군대는 각각 바다와 내륙을 통해 백제의 수도 사비를 공격했지. 이때 신라군을 지휘한 장군이 김유신이었어.

나·당 연합군이 밀고 들어오자 백제의 의자왕은 급히 계백을 황산벌로 보내 신라군을 막게 했지만 패하고 말았단다. 나·당 연합군이 백제 수도인 사비성까지 빼앗자 의자왕은 결국 항복했어. 이때가 660년이야.

나·당 연합군의 다음 목표는 고구려였어. 살수 대첩, 안시성 전투에서 승리했던 고구려였지만 계속된 전쟁으로 국력이 많이 약해져 있었지. 게다가 고구려를 이끌었던 연개소문이 죽자 세 아들은 권력 다툼을 벌였어. 나·당 연합군은 이때를 틈타 고구려의 여러 성을 빼앗았지. 결국 나·당 연합군에 의해 고구려의 수도 평양성이 함락되며 668년에 고구려도 멸망하고 말았어.

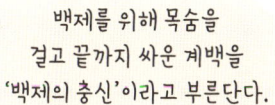
백제를 위해 목숨을 걸고 끝까지 싸운 계백을 '백제의 충신'이라고 부른단다.

끝까지 싸운 계백의 모습을 그린 그림 계백이 황산벌로 향할 때 계백이 이끈 결사대는 5000여 명에 불과했어. 반면에 김유신이 이끄는 신라군은 5만 명에 이르렀지. 계백은 마지막 싸움이라는 걸 직감하고 자신의 가족을 직접 죽이고 황산벌로 향했다고 해.

삼국 통일 ★신라가 당을 물리치고 삼국을 통일하다

백제와 고구려가 쉽게 사라졌을까? 그건 아니었단다. 멸망한 백제와 고구려의 백성들은 순순히 항복하지 않고 나라를 다시 세우기 위한 부흥 운동을 전개했지. 백제에서는 복신과 도침, 흑치상지 등이 백제 부흥 운동을 전개하였어. 일본에서 백제 부흥군을 돕기 위해 대규모 군대를 파견하기도 했어. 백제 부흥군과 왜의 연합군은 나·당 연합군과 결전을 벌였지만 결국 패배하여 백제 부흥 운동은 실패로 돌아갔지. 고구려에서도 고연무, 검모잠, 안승 등이 부흥 운동을 일으켰어. 하지만 부흥 운동을 이끌던 지도층 내부에서 분열이 일어나 고구려 부흥 운동 역시 실패하고 말았어.

그럼 이제 평화가 찾아왔을까? 그렇지 않았어. 당이 신라와의 약속을 깨고 숨겨 왔던 발톱을 드러냈단다. 당은 신라마저 정복하고 한반도 전체를 지배하고자 했어. 신라는 당에 맞서 싸웠어. 고구려 부흥 세력과 백제의 유민들도 이번에는 신라를 도왔지. 매소성과 기벌포 싸움에서 신라는 당을 크게 이겼고, 결국 당의 군대를 대동강 이남 지역에서 몰아냈단다. 드디어 **삼국 통일**을 이루게 된 거야. 비록 당을 끌어들였고 고구려의 거대한 영토를 잃어버렸지만 고구려, 백제, 신라를 하나로 모아 우리 민족 최초의 통일을 이루었다는 데에 의미가 있단다.

큰★별쌤 한판 정리

고구려·백제의 멸망

고구려	7C	백제
수 ⇒ 살수 대첩 (을지문덕)		
당 ⇒ 안시성 전투		
나·당 ⇒ 멸망		나·당 ⇒ 멸망 (의자왕) ↳ 계백 5천 결사대

삼국의 통일 과정을 잘 살펴보자.

살수 대첩 을지문덕이 이끄는 고구려군이 살수에서 수의 군대에 크게 승리했어.
안시성 전투 고구려 군대가 안시성 전투에서 승리하여 당의 침입을 막아 냈어.
나·당 연합군 결성 백제 의자왕의 공격으로 위기에 빠진 신라는 당과 나·당 연합군을 결성하여 백제를 공격했어.
5천 결사대 계백과 5천 결사대는 황산벌에서 나·당 연합군에 맞섰지만 패배했어.

신라의 삼국 통일

나·당 연합
↓
백제 ×
↓
고구려 ×
↓
나·당 전쟁
: 매소성, 기벌포 전투 ○
↓
삼국 통일(문무왕)

백제 멸망 나·당 연합군에 사비성이 함락되어 멸망하게 되었지.
고구려 멸망 나·당 연합군은 평양성을 무너뜨리고 고구려를 멸망시켰어.
나·당 전쟁 백제와 고구려가 멸망한 뒤 당은 한반도 전체를 지배하려 하였고 이에 신라는 당과 전쟁을 하게 되었어.
삼국 통일 신라는 매소성, 기벌포 전투에서 당의 군대를 물리치며 문무왕 때 삼국 통일을 이뤘어.

큰★별쌤 별별 퀴즈

1. ★ 안에 들어갈 알맞은 말을 써 볼까요?

● 고구려는 당 태종의 공격을 ★★★ 에서 물리쳤다

● 황산벌 전투에서 패배한 백제는 나·당 연합군에 ★★ 성이 함락되어 멸망하였다.

● 복신과 도침, 흑치상지 등이 ★★ 부흥 운동을 전개하였다.

● 신라군은 매소성과 ★★ 포 전투에서 당군에 승리하며 삼국 통일을 이룩하였다.

2. (가)에 들어갈 사실로 옳은 것을 골라 볼까요?

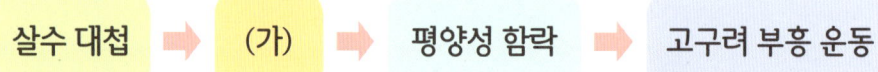

살수 대첩 ➡ (가) ➡ 평양성 함락 ➡ 고구려 부흥 운동

① 평양 천도
② 옥저 정복
③ 안시성 전투
④ 장수왕 즉위

3. 다음 인물의 활약을 찾아 선으로 연결해 볼까요?

계백 • • 수나라가 30만의 별동대를 파견하여 고구려 평양성을 공격하자 살수에서 수나라 군대를 크게 무찔렀어.

김춘추 • • 5000여 명의 결사대를 이끌고 황산벌 전투에서 끝까지 싸웠어.

을지문덕 • • 백제 의자왕의 공격으로 신라가 위기에 처하자 고구려에 도움을 요청하러 갔어.

4. 친구들이 삼국 통일 과정을 말하고 있어요. 시간 순서대로 알맞게 배열한 것을 골라 볼까요?

㉠ 나·당 연합군이 고구려의 평양성을 함락하였다.

㉡ 황산벌 전투에서 신라군이 백제의 결사대에 승리하였다.

㉢ 매소성, 기벌포 전투에서 신라군이 당의 군대를 물리쳤다.

① ㉠ → ㉡ → ㉢   ② ㉡ → ㉠ → ㉢   ③ ㉢ → ㉡ → ㉠   ④ ㉠ → ㉢ → ㉡

큰★별쌤 별별 특강

마지막까지 싸운 계백과 백제의 결사대

　황산벌 전투는 신라와 백제의 운명을 가른 전투였어. 황산벌 전투에서 패배하며 백제는 사비성이 함락되고 멸망하고 말았거든. 반면 신라는 이 전투에서 승리하면서 삼국 통일의 토대를 마련할 수 있었지. 황산벌 전투를 승리로 이끈 장수는 신라의 김유신이었어. 하지만 사람들은 황산벌 전투를 얘기할 때 계백을 먼저 떠올린단다. 계백이 가족들까지 스스로 죽이고 전장에 나선 일화 때문일 거야.

　백제 의자왕이 신라를 자주 공격하자, 위기감을 느낀 신라는 김춘추를 고구려에 보내 도움을 요청해. 하지만 고구려 연개소문은 이를 거절했어. 고구려와 연합에 실패한 신라는 당으로 가서 당과의 연합을 이끌어 냈단다. 신라는 백제 땅을, 당은 고구려 땅을 갖기로 합의하고 나·당 연합군을 구성해 백제를 먼저 공격하기로 했어. 당은 수군을, 신라는 육군을 이끌고 합류하여 백제 사비성을 치기로 했지.

　당은 지금의 인천에 있는 섬에 13만의 군대를, 신라는 지금의 경기도 이천 쪽에 5만 군대를 주둔시켜 고구려를 공격하는 것처럼 작전을 세웠어. 그렇게 북으로 계속 이동할 줄 알았던 나·당 연합군이 남쪽으로 방향을 틀어 밀고 내려와 지금의 충남 논산 연산면 일대인 황산벌에서 백제와 맞붙게 된 거야. 나·당 연합군이 고구려를 공격할 것이라고 생각했던 백제는 전혀 대비가 되어 있지 않았어. 백제 의자왕은 부랴부랴 5천 결사대를 내어 주고 계백을 황산벌로 보냈단다.

　하지만 자신의 운명을 예감한 계백은 전장에 나가기 전에 자기 손으로 가족들

을 모두 죽였어. 그러고는 병사들 앞에서 이렇게 외쳤지.

"나를 따르라. 나는 나의 가족을 스스로 장사 지내고 왔다. 나는 황산벌에서 뼈를 묻겠다."

군대를 이끄는 장수가 이처럼 결연한 의지를 보이니 백제군의 사기는 하늘을 찌를 수밖에 없었어. 드디어 백제의 5천 결사대는 김유신이 이끄는 5만의 신라군과 황산벌에서 맞붙었지. 백제의 결사대는 수적 열세에도 불구하고 연속해서 네 번이나 승리를 거두었어.

위기의 순간 신라 군대는 어떤 선택을 했을까?

백제의 계백이 그러했듯이 신라 장수들도 목숨을 걸고 앞장섰지. 김유신 조카 반굴과 신라 장군 김품일의 아들 관창을 먼저 적진으로 보냈단다. 장수의 아들이 목숨을 걸고 적진으로 향하자 신라군의 사기가 높아졌고 다섯 번째 전투에서 큰 승리를 거두었단다. 반면 계백이 이끄는 백제의 결사대는 황산벌에서 전멸했지.

백제와 신라 모두 나라의 위기 앞에서 지도자들이 먼저 희생하는 모습을 보여 줬어. 비록 패배했지만 우리가 지금까지 계백과 계백의 결사대를 기억하는 이유도 그런 모습 때문일 거야.

도전! 한국사능력검정시험

★ 초급 43회 6번
1. (가)에 들어갈 내용으로 옳은 것은?

① 진포 대첩, 왜구 격퇴
② 기벌포 전투, 당군 격퇴
③ 관산성 전투, 성왕 전사
④ 살수 대첩, 을지문덕 승리

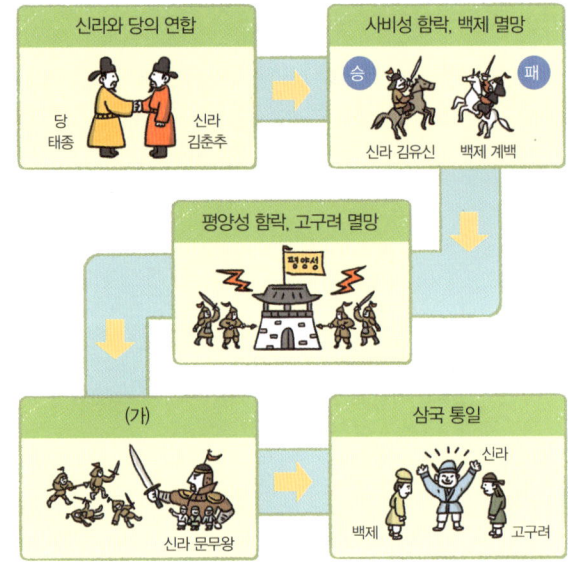

★ 초급 44회 7번
2. 다음 사건이 일어난 시기를 연표에서 옳게 고른 것은?

① (가)
② (나)
③ (다)
④ (라)

★ 초급 46회 5번

3. 다음 사건이 일어난 시기를 연표에서 옳게 고른 것은?

① (가)
② (나)
③ (다)
④ (라)

433	538	612	660	676
(가)	(나)	(다)	(라)
나·제 동맹 성립	사비 천도	살수 대첩	황산벌 전투	삼국 통일 완성

★★★ 기본 48회 6번

4. 밑줄 그은 '이 전투'로 옳은 것은?

① 귀주 대첩
② 살수 대첩
③ 안시성 전투
④ 처인성 전투

나는 이 전투에서 우문술, 우중문이 있는 수의 30만 대군을 격퇴하였소.

사진) 경주 문무대왕릉 전경과 내부

5 남북국 시대

신라가 삼국을 통일했지만 안타깝게 고구려가 차지했던 거대한 영토는 대부분 잃어버렸어. 그런데 다행히 옛 고구려 땅에 발해가 세워졌단다. 남쪽에는 통일 신라, 북쪽에는 발해가 세워지면서 남쪽의 신라와 북쪽의 발해가 양립하는 남북국 시대가 열렸지.

통일 이후에 신라는 어땠을까? 신라의 삼국 통일을 이룬 왕은 문무왕이야. 문무왕은 오랜 전쟁을 겪은 백성들의 생활이 안정되길 바랐지. 그 마음이 너무 지극한 나머지 문무왕은 자신이 죽으면 화장한 뒤 동해 바다에 장사를 지내 달라고 했어. 죽어서도 용이 되어 나라를 지키겠다는 뜻이었지. 문무왕의 아들 신문왕은 아버지의 뜻을 기리기 위해 동해 바다 대왕암에 무덤을 만들고 가까운 곳에 감은사라는 절을 지었단다.

문무왕이 죽어서도 지키고 싶어 했던 통일 신라와 옛 고구려 땅에 세워진 발해를 만나러 가 보자!

9주 5소경 설치
685년

682년
감은사 창건

698년
발해 건국

828년
청해진 설치

926년
발해 멸망

통일 신라의 발전 ★ 평화와 안정을 누리며 발전하다

정말로 문무왕이 지켜 준 걸까? 통일 신라는 약 200년 동안 평화가 지속되었단다.

문무왕의 아들 **신문왕**은 신라를 더 튼튼한 나라로 만들기 위해 노력했어. 왕권을 강화하기 위해 유학을 가르치는 교육 기관인 국학을 설치해서 인재를 양성하고 통치 제도를 정비했지. 또 국토를 효율적으로 다스리기 위해 전국을 9주로 나누고 주요 지역에 5소경을 설치했어. 5소경에는 일부 중앙 귀족이나 옛 가야, 고구려, 백제 출신 귀족을 살게 해서 지방 정치의 중심지로 삼았어.

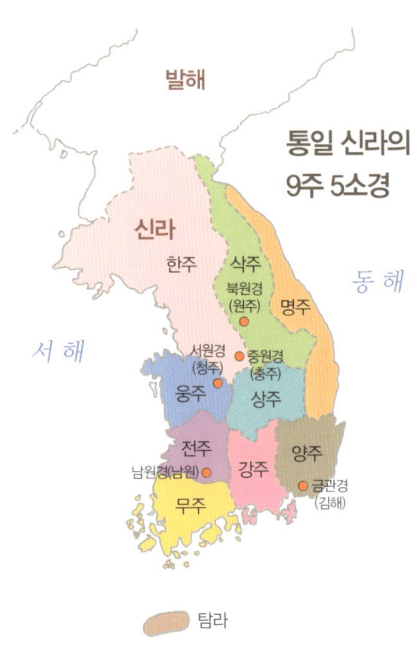

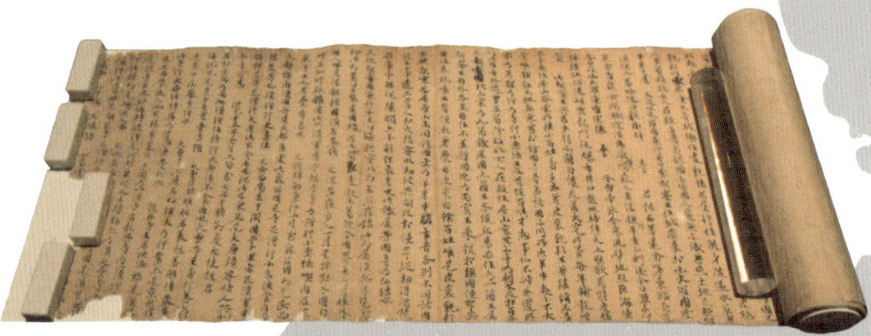

통일 신라의 9주 5소경

왕오천축국전 신라의 혜초가 지금의 인도인 천축국과 중앙아시아 여러 나라를 10년 동안 돌아보고 와서 지은 책이야. 각 나라의 풍속, 지리, 역사, 문화 등에 관한 기록이 실려 있어.

무인상 경주 원성왕릉을 지키고 있는 무인상이야. 곱슬머리에 부리부리한 눈, 오뚝한 콧날을 지닌 서역 사람의 모습이야. 이를 통해 서역과의 교류 사실을 알 수 있어.

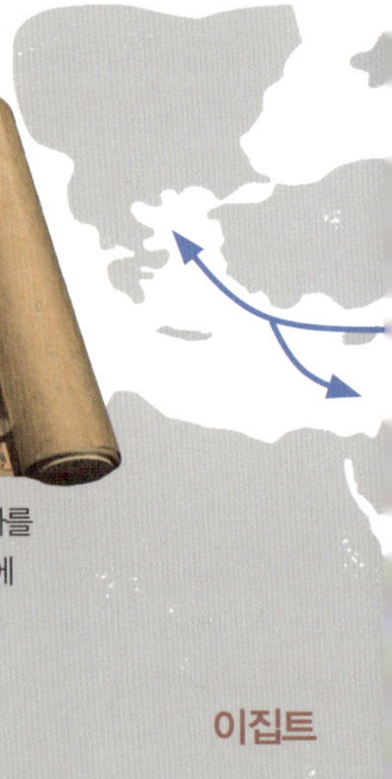

이집트

신라는 당과 일본, 멀리 서역까지 활발히 교류하며 문물을 발전시켰어.

나·당 전쟁을 치르며 당과 관계가 악화되었지만 통일 이후 점차 당과 관계를 회복하면서 사신, 유학생, 승려, 상인 등이 자주 왕래하였지. 당의 산둥반도에는 신라 사람들이 모여 사는 곳까지 생겼어. 그러다 보니 자연스럽게 문물을 교류하며 서로의 문화에 영향을 주었단다.

바다를 통한 교류가 활발히 이루어지다 보니 서해안의 당항성과 경주와 가까운 울산항이 크게 번성했어. 특히 울산항에는 아라비아 상인까지 왕래하였지. 바닷길을 이용하다 보니 해적의 공격을 당할 때도 많았어. 신라 사람이 해적에게 잡혀 노비로 팔려 가는 광경을 본 **장보고**는 왕의 허락을 받아 완도에 **청해진**을 설치하고 해적을 무찔렀어. 이후 청해진은 중국, 신라, 일본을 연결하는 동아시아 삼각 무역의 중심지로 성장했단다.

통일 신라의 사회 ★신라 말 사회가 흔들리다

　삼국 시대와 마찬가지로 신라 귀족들은 호화로운 생활을 했어. 경주에 가면 신라 시대 별궁터인 동궁과 월지가 있어. 신라 왕자가 머물던 곳으로 왕과 귀족이 모여 잔치를 열거나 귀한 손님을 대접하는 곳이기도 했지. 이곳에서 발견된 3만여 점의 유물을 통해 신라 왕실과 귀족의 화려한 생활 모습을 짐작해 볼 수 있단다.

　신라 귀족이 모두 화려한 생활을 한 것은 아니었어. 6두품은 진골에 비해선 신분이 낮은 귀족이었어. 6두품 귀족들 중에는 똑똑하고 능력 있는 사람이 많았지만 골품제의 한계 때문에 더 높은 관직에 오를 수 없었지. 그래서 일부 6두품들은 신라 사회를 개혁하기 위해 노력했으나 받아들여지지 않자 신라 사회에 불만을 갖게 되었단다.

훗날 통일 신라가 멸망한 뒤 동궁과 월지에 기러기와 오리만이 날아들어 '안압지'라고 부르게 되었다고 해.

백성들은 나라에 세금을 납부하고 나라의 큰 공사나 군대에 동원되는 등 힘든 생활을 했어. 신라에서는 민정문서라는 것을 만들어 마을의 인구, 논밭의 넓이, 뽕나무 수, 소와 말 같은 가축의 수를 조사해서 기록해 두었어. 이를 근거로 세금을 걷고 노동력을 동원하였던 거야.

　　신라 말 왕권이 약해지고 정치가 혼란해지면서 귀족들의 농민들에 대한 수탈이 점점 심해졌지. 흉년과 가뭄 등 자연재해까지 겹치자 백성들의 삶은 더욱 어려워졌단다. 이러한 상황이 되자 전국 각지에서 농민들이 봉기를 일으켰어. 대표적으로 원종·애노의 난이 있단다.

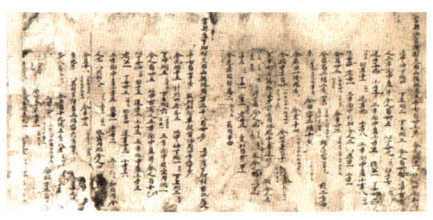

신라 민정문서 신라 지방 촌락의 경제 상황 등이 기록되어 있어서 당시 평민들의 생활 모습을 짐작해 볼 수 있어.

초심지 가위 초의 심지를 자를 때 사용한 금동 가위로 화려하게 장식되어 있어.

나무 주사위 월지에서 발견된 나무 주사위야. 귀족들이 연회에서 사용한 놀이 기구이지. 각 면마다 '음료 석 잔 한번에 마시기', '여러 사람 코 때리기', '간지럽혀도 참기' 등 재미있는 벌칙이 적혀 있어.

불교 예술의 발달
⭐ 불교가 대중화되고 불교 예술이 발달하다

통일 이후 불교 문화는 더욱 발전하였어. **원효**는 불교를 대중화하는 데 크게 이바지했지. 삼국 시대의 불교는 왕과 귀족 중심의 불교였어. 그런데 원효는 '나무아미타불'만 외우면 누구나 극락세계에 갈 수 있다고 말했어. 불교에서 극락은 괴로움이 없는 안락한 세상이야. 어려운 한자가 빼곡하게 적혀 있는 불교 경전을 읽지 않고도 극락세계에 갈 수 있다는 말은 일반 백성들에게 희망을 주었지. 많은 사람들이 불교를 믿게 되면서 절, 불상, 탑이 많이 만들어지고 불교 예술이 더 발달했단다.

성덕 대왕 신종 신라 경덕왕이 아버지인 성덕왕을 기리기 위해 만든 종이야. 우리나라에 남아 있는 종 가운데 가장 큰 종이지. '에밀레종'이라고도 불리는데, 종이 울릴 때마다 아이가 엄마를 부르는 듯한 소리와 비슷해서 그런 이름이 붙여졌다고 전해져. 네 명의 천인(天人)이 무릎을 꿇고 공양을 올리는 모습이 새겨져 있어.

금강역사상   금강역사상

석굴암 경주 토함산에 위치한 석굴암은 300여 개의 돌을 나무처럼 짜 맞추어 만든 인공 석굴 사원이야. 정밀하게 계산된 수학 지식이 적용되어 지어졌다고 해. 석굴암의 본존 불상은 완벽한 아름다움을 자랑해. 또 본존불 주위 벽면에 보살상, 나한상, 사천왕상 등을 조화롭게 배치했단다.

범천상

나한상   팔부중상

사천왕상

문수보살상

불국사 불국사의 '불국'은 '부처의 나라'라는 뜻으로 신라 땅을 불국토로 만들기 위해 세운 절이야. 대웅전 앞에 있는 두 탑 중 서쪽에 있는 탑이 불국사 3층 석탑이고, 동쪽에 있는 탑이 불국사 다보탑이야.

불국사 3층 석탑을 '석가탑'이라고도 부른단다.

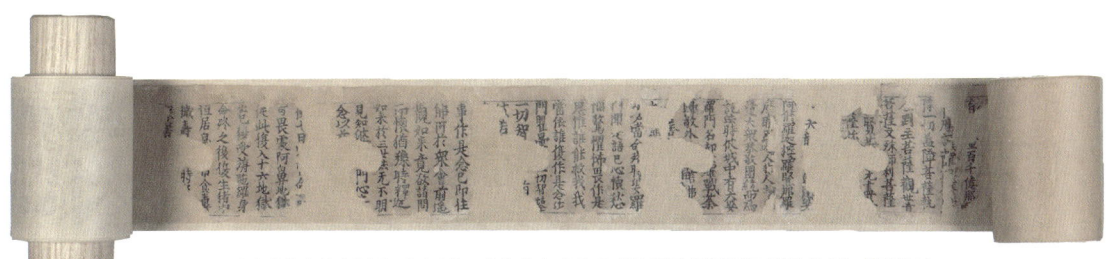

무구정광대다라니경 현재 남아 있는 세계에서 가장 오래된 목판 인쇄물로 불국사 3층 석탑에서 발견되었어.

경주 남산 불상군 신라 사람들은 경주 남산을 부처가 머무는 신성한 산으로 여겼어. 그래서 남산 곳곳에 탑과 불상을 많이 만들었어.

발해의 건국과 발전 ★해동성국이라 불리다

고구려가 멸망하자 당은 고구려 사람들을 뿔뿔이 흩어져 살게 했단다. 옛 고구려 장수 출신인 **대조영**은 고구려 유민과 말갈족 사람들을 모아 만주 지린성 동모산 근처에 도읍을 정하고 발해를 건국했어. 발해는 말갈족 사람들이 다수를 차지하긴 했지만 고구려 유민이 중심이 되어 건국되었기 때문에 고구려인이 지배층을 이루었고 고구려 계승 의식이 강했어.

대조영에 이어 왕이 된 무왕은 북만주 일대로 세력을 확대하고 당의 산둥 지방을 공격하기도 했지. 하지만 8세기 후반 문왕 때에는 당과 친선 관계를 맺어 선진 문물을 받아들이고 신라와도 교류했어.

발해가 일본에 보낸 외교 문서 발해가 일본에 보낸 외교 문서에 발해 왕을 고려(고구려)왕으로 칭하여 고구려 계승 의식을 엿볼 수 있어. 대사, 통역, 서기, 뱃사공 등 모두 105명에 이르는 발해 사절단의 이름이 적혀 있어.

　발해에는 신라와 당, 그리고 일본 등으로 이어지는 교통로가 있었어. 이 교통로를 통해 주변 나라와 활발히 교류했지. 신라가 산둥반도에 신라관을 설치했듯이 발해도 발해관을 설치하여 발해 사람들이 당을 오갈 때 숙소로 사용하도록 했어. 일본과도 활발히 교류했는데, 발해에서 보낸 외교 문서가 일본에서 발견되기도 했단다.

　발해는 점점 영토를 확장해서 옛 고구려의 땅을 대부분 차지했어. 9세기에 이르자 당은 발해를 가리켜 '바다 동쪽의 융성한 나라'라는 의미로 **해동성국**이라고 불렀지. 하지만 926년에 거란의 침입을 받아 멸망하고 말았단다.

발해의 최대 영역

● 발해의 5경

발해는 지금의 러시아 연해주까지 영토를 확장했어. 발해는 광대한 영토를 효율적으로 다스리기 위해 정치적, 군사적으로 중요한 지역에 5경을 설치하였단다.

와, 발해 멋져!

발해의 문화
★다양한 문화를 바탕으로 독자적 문화를 이루다

발해는 고구려 문화를 기반으로 말갈족의 문화와 당의 문화에 영향을 받아 복합적인 문화를 발전시켰어.

발해는 북쪽 지방에 위치해 있어서 추웠지. 그래서 온돌을 사용했는데, 온돌 방식이 고구려의 온돌 방식과 아주 비슷해. 발해가 온돌을 사용했다는 것은 우리 민족과 연관되어 있다는 걸 의미해.

고구려와 비슷한 방식으로 만든 기와와 불상도 많이 발견되었어. 또 발해의 수도 상경에 있던 절터에서 발견된 석등은 그 크기가 고구려의 광개토 대왕릉비만큼 커서 무려 6미터가 넘어. 발해도 고구려의 씩씩한 기상을 이어받아 웅장하고 강건한 문화를 일구었다는 것을 알 수 있지.

발해의 온돌 유적 고구려와 발해의 유적에서 온돌이 발견되어 발해가 고구려를 계승한 나라임을 알 수 있어.

치미 발해의 수도 상경에서 발견된 치미야. 치미는 지붕 용마루 양쪽 끝에 사용하는 기와야.

이불병좌상 두 부처가 나란히 앉아 있는 모습으로 고구려의 불상 조각 방식이 반영되었어.

고구려 기와(왼쪽)와 발해 기와(오른쪽) 여섯 개의 하트 모양 꽃잎으로 장식되어 있는 발해의 기와는 제작 방식, 구조, 무늬 등이 고구려의 기와와 비슷해.

영광탑 유일하게 남아 있는 발해의 탑으로 당의 영향을 받은 것으로 보여.

석등 발해 수도였던 상경의 절터에 우뚝 서 있던 석등으로 그 크기가 무려 6미터가 넘어.

정효 공주의 무덤 정효 공주는 발해 문왕의 넷째 딸이야. 무덤 널방 벽에는 12인의 무사, 시종, 악사 들이 그려져 있어 발해인의 모습과 생활을 짐작해 볼 수 있어.

큰★별쌤 한판 정리

	통일 신라(남국)

정치	• 문무왕 : 통일 이룩, 대왕암
	• 신문왕 : 왕권↑
	         감은사 건립
	         국학 설립
	         9주 5소경 설치

대외 교류	• 당항성 : 중국과 직접 교류 • 울산항 : 국제 무역항 • 장보고 : 청해진(완도), 법화원(산둥반도)
사회	• 귀족 : 화려한 삶, 진골 귀족 간 왕위 다툼 • 6두품 : 신라 말 골품제 비판 • 민정문서 : 특산물, 인구수, 논밭의 넓이 등 조사 → 세금 수취를 위한 자료 • 신라 말 농민 봉기 : 원종·애노의 난
문화	• 원효 : 불교의 대중화 • 불국토 : 불국사, 석굴암, 성덕 대왕 신종, 경주 남산

신문왕 왕권 강화 국학을 설치하고 지방 행정 조직을 9주 5소경으로 정비하였어.
국제 무역 울산항이 국제 무역항으로 크게 번성했어. 장보고는 청해진을 설치하여 해적을 소탕했어.
신라 말 혼란 귀족들의 농민에 대한 수탈이 심해지자 원종·애노의 난 등 농민 봉기가 일어났어.
불교 대중화 통일 이후 원효는 불교 대중화를 위해 힘썼고 불교 문화유산이 많이 만들어졌어.

	발해(북국)
정치	• 대조영 : 건국(동모산) • 무왕 : 장문휴 → 산둥반도 공격 • 문왕 : 친당, 신라 교류(신라도) 　　　　일본에 보낸 외교 문서←고구려 계승 의식 • 선왕 : 해동성국
대외 교류	• 신라, 당, 일본과 교류 • 당의 산둥반도에 발해관 설치
문화	• 고구려와 당의 영향을 받음 　┌고구려 : 온돌, 불상, 치미, 토기, 석등 등 　└당 : 영광탑, 정효 공주 묘(벽돌무덤, 벽화)

통일 신라와 발해가 발전하는 모습을 잘 살펴보자.

발해 건국 대조영은 고구려 유민과 말갈인을 이끌고 발해를 건국하였어.
당과 교류 무왕 때는 장문휴를 보내 산둥반도를 공격하는 등 당과 사이가 좋지 않았지만 문왕 때부터 당과 교류하며 당의 문물을 받아들였어.
신라와 교류 신라도를 개설해서 교류하였어.
고구려 계승 의식 온돌 유적, 불상, 석등 등을 통해 발해가 고구려 문화를 계승했다는 것을 알 수 있어.

큰★별쌤 별별 퀴즈

1. ★ 안에 들어갈 알맞은 말을 써 볼까요?

- 남쪽에는 통일 신라, 북쪽에는 발해가 있던 시기를 ★★★ 시대라고 한다.

- 신라 ★★ 왕은 삼국 통일을 이룩하였다.

- ★★★ 은 동모산에서 발해를 건국하였다.

- 발해는 '동쪽의 번성한 나라'를 뜻하는 ★★★★ 이라고 불렸다.

2. 발해의 문화유산이 아닌 것은 무엇일까요?

① 무인상　　② 발해 석등　　③ 발해 치미　　④ 영광탑

3. 다음 문장이 맞으면 ○, 틀리면 ×에 동그라미를 그려 볼까요?

- 문무왕은 왕권을 강화하고 9주 5소경을 설치하였다.

- 발해에는 골품제라는 엄격한 신분제가 있었다.

- 원효는 '나무아미타불'만 외우면 극락세계에 갈 수 있다고 주장하며 불교의 대중화에 힘썼다.

4. 설명하고 있는 문화유산을 찾아 선으로 연결해 볼까요?

우리나라 대표적인 석굴 사원으로 돌을 나무처럼 짜 맞추어 만들었어.	•	•	석굴암 
불국사의 대웅전 앞에 있는 두 탑 중 서쪽에 있는 탑이야. 무구정광대다라니경이 발견되었어.	•	•	불국사 3층 석탑 
신라 경덕왕이 아버지인 성덕왕을 기리기 위해 만든 종이야. 현재 우리나라에 남아 있는 종 가운데 가장 커.	•	•	성덕 대왕 신종 

신문왕의 바람이 담긴 만파식적

동해의 용이 되어 신라를 지키겠다는 문무왕의 유언대로 동해 바다에 문무왕을 장사 지냈다고 전해져. 신문왕은 아버지 문무왕의 은혜에 감사한다는 뜻에서 대왕암이 바라보이는 곳에 감은사를 세웠단다. 감은사 건물 아래에는 용이 드나들 수 있는 길을 만들었지. 아버지와 아들의 나라를 사랑하는 마음이 하늘을 감동시켰는지 신문왕에게 놀라운 일이 생긴단다.

동해 바다에 작은 산 하나가 물에 떠내려왔다는 소식을 들은 신문왕은 천문과 점복을 담당하는 신하에게 점을 치도록 하였어. 신하는 점을 쳐 보더니 동해의 용이 된 문무왕과 하늘의 신이 된 김유신이 나라를 지킬 보배를 주려고 한다며 신문왕에게 바닷가에 나가 보라고 하였어.

신문왕이 바닷가에 가서 보니, 산 모양은 거북 머리 같았고 그 위에 대나무가 있는데 낮에는 둘이 되고 밤에는 하나로 합쳐졌지. 신문왕은 감은사에 머물렀는데 다음 날 산에 난 대나무가 합하여 하나가 되더니 천지가 진동하며 비바람이 몰아치고 사방이 어두워졌어. 바람이 멈추고 물결이 잔잔해지자, 신문왕은 배를 타고 그 산에 갔어.

그러자 용이 다가와 신문왕에게 산에 난 대나무로 피리를 만들어 불면 천하가 평화로워질 거라 했어. 또 바다의 용이 된 문무왕과 하늘의 신이 된 김유신이 보배를 보낸 거라고 했지. 신문왕은 용에게 비단, 금, 옥을 주고 사람을 시켜 대나무를 베어 오게 했지. 대나무를 베어 오자 산과 용은 사라졌어.

용의 말대로 신문왕이 피리를 만들어 불자 적병이 물러가고 병은 나았지. 또 가뭄에는 비가 오고 장마는 개며 바람이 잦아들고 물결이 평온해졌어. 신문왕은 그 피리를 '만파식적'이라 부르고 나라의 보물로 삼았단다.

신라가 백제와 고구려를 무너뜨리고 삼국을 통일했지만 백제와 고구려의 유민까지 하나로 통합하기는 쉽지 않았을 거야. 게다가 신문왕 때는 귀족들의 반란이 일어나기도 했어. 만파식적 이야기에는 삼국을 통일하고 사람들의 마음을 하나로 모아 나라를 안정시키고자 했던 신문왕의 바람이 담겨 있는 거지.

도전! 한국사능력검정시험

★ 초급 44회 4번
1. (가)에 해당하는 인물로 옳은 것은?

① 원효
② 의천
③ 지눌
④ 혜심

★ 초급 45회 9번
2. (가) 국가에 대한 설명으로 옳은 것은?

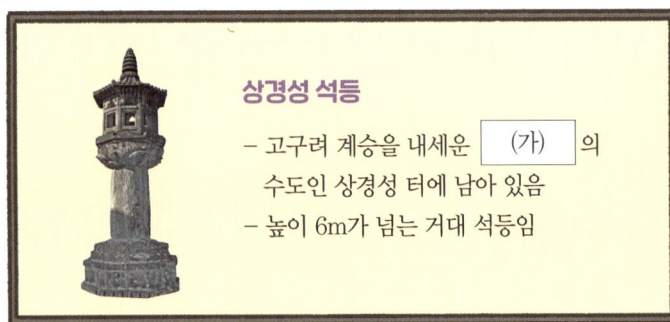

① 대조영이 건국하였다.
② 지방에 22담로를 두었다.
③ 황산벌 전투에서 신라군에 패배하였다.
④ 화백 회의에서 귀족들이 국정을 논의하였다.

★ 초급 46회 10번
3. 밑줄 그은 '나라'에 대한 설명으로 옳은 것은?

① 진대법을 실시하였다.
② 왜에 칠지도를 보냈다.
③ 전국에 9주 5소경을 두었다.
④ 전성기에 해동성국이라고도 불렀다.

★★★ 기본 48회 7번
4. 교사의 질문에 대한 학생의 대답으로 옳은 것은?

1

24-25p 큰★별쌤 별별 퀴즈
1. 주몽 / 온조 / 박혁거세 / 김수로
2. ④
3. ④
4.

28-29p 도전! 한국사능력검정시험
1. 초급 37회 2번 ②
2. 초급 43회 2번 ③
3. 초급 44회 2번 ④
4. 초급 46회 2번 ③

2

48-49p 큰★별쌤 별별 퀴즈
1. 태조 / 소수림 / 고이 / 지증
2.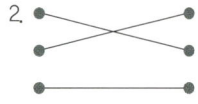
3. × ○ × ○
4. ①

52-53p 도전! 한국사능력검정시험
1. 초급 41회 3번 ④
2. 초급 43회 5번 ④
3. 초급 46회 4번 ②
4. 기본 47회 4번 ②

3

84-85p 큰★별쌤 별별 퀴즈
1. 모전 / 천마총 / 첨성대
2.
3. ○ × ○ ○
4. ②

88-89p 도전! 한국사능력검정시험
1. 초급 41회 4번 ①
2. 초급 41회 7번 ①
3. 초급 42회 8번 ③
4. 초급 43회 10번 ④

4

102-103p 큰★별쌤 별별 퀴즈
1. 안시성 / 사비 / 백제 / 기벌
2. ③
3.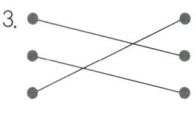
4. ②

106-107p 도전! 한국사능력검정시험
1. 초급 43회 6번 ②
2. 초급 44회 7번 ④
3. 초급 46회 5번 ③
4. 기본 48회 6번 ②

5

124-125p 큰★별쌤 별별 퀴즈
1. 남북국 / 문무 / 대조영 / 해동성국
2. ①
3. × × ○
4.

128-129p 도전! 한국사능력검정시험
1. 초급 44회 4번 ①
2. 초급 45회 9번 ①
3. 초급 46회 10번 ④
4. 기본 48회 7번 ①

찾아보기

9주 5소경 110

ㄱ
가야 21, 31, 35, 44, 110
가야의 건국 11, 20
가야의 고분 69
가야의 무덤 68
경주 배동 석조 여래 삼존 입상 72
경주 첨성대 76
고구려 고분 벽화 58-59
고구려 부흥 운동 98-99
고구려의 건국 12
고이왕 33
골품제 38-39, 112
광개토 대왕 34-35, 44, 50, 91
광개토 대왕릉비 37, 120
굴식 돌방무덤 57, 60
근초고왕 33, 36, 50
금관가야 20-21, 26, 35, 44
금동 미륵보살 반가 사유상 72, 80
김수로 20
김유신 105, 126-127
김춘추 86-87, 96, 104

ㄴ, ㄷ
나·당 연합군 87, 96-98, 104
나·제 동맹 35
내물왕 38

대가야 41, 44, 68-69
대조영 118
돌무지 덧널무덤 64-65
돌무지무덤 56, 60

ㅁ, ㅂ
무령왕릉 60, 62-63
미륵사 70
미륵사지 석탑 70

박혁거세 18-19
발해 109, 118-120
백제 16, 20-21, 31-36, 38, 41, 50-51, 60, 62-63, 70, 74, 80, 96-98, 104-105
백제 금동 대향로 74-75
백제 부흥 운동 98-99
법흥왕 38, 44
벽돌무덤 60
분황사 86
분황사 모전석탑 70
비단길(실크 로드) 81
비류 16

ㅅ
살수 대첩 93, 95, 97
삼국 통일 91, 93, 98-99, 104, 109
서산 용현리 마애여래 삼존상 72
세속 5계 43
소수림왕 34, 36
수로왕 26-27
신라 18
신문왕 110, 126-127

ㅇ
안시성 전투 94, 97
온조 16
원효 114
을지문덕 92
이차돈 40

ㅈ
장보고 111
장수왕 34-35
정림사지 5층 석탑 70
주몽 12-13
지증왕 38
진흥왕 41, 44

ㅊ, ㅌ
천마총 64-67

통일 신라 110-113

ㅎ
해동성국 119
해모수 12
화랑도 43
황룡사 70
황산벌 싸움 97, 104-105

사진 제공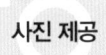

국립경주박물관
이차돈 순교비 · 40
임신서기석 · 43
기마 인물형 토기 · 45
천마도 · 66
금관(천마총), 금제 허리띠(천마총), 금제 관모(천마총), 금제 관식(천마총) · 67
황룡사 9층 목탑(복원 모형) · 71
유리제 병, 유리제 잔, 경주 계림로 보검 · 79
초심지 가위 · 113
성덕 대왕 신종과 천인 · 114

국립공주박물관
무령왕릉 석수 · 60
무령왕릉 널방 · 61
무령왕릉 나무관 · 62
무령왕릉 지석 · 62
연꽃무늬 잔, 무령왕 금제 뒤꽂이, 머리 받침과 발 받침 · 62

무령왕과 왕비의 금제 장식, 환두대도 · 63

국립김해박물관
가야 철제 갑옷과 덩이쇠 · 45

국립민속박물관
나무 주사위 · 113

국립부여박물관
백제 금동 대향로 · 75

국립중앙박물관
세 발 토기, 청동 자루솥 · 32
광개토 대왕릉비 · 37
북한산 진흥왕 순수비 · 42
무용총의 고분 벽화 · 57
수박희, 뿔 나팔, 현무 · 59
기마 인물형 토기, '광개토 대왕'명 호우 · 66
오리 모양 토기 · 68
수레바퀴 모양 토기, 굽다리 접시, 금동관, 금 귀걸이 · 69
금동 연가 7년명 여래 입상 · 72
반가 사유상 · 73, 80
씨름도 · 78
가야의 토기 · 81

정림사지 5층 석탑 탁본 · 96
석굴암 금강역사상, 법천상, 나한상, 팔부중상, 사천왕상, 문수보살상 · 115
이불병좌상 · 120
고구려 기와, 발해 기와 · 121

게티이미지코리아
수렵도 · 14, 58
경주 나정 · 19
칠지도 · 32
불국사 · 116
발해가 일본에 보낸 외교 문서 · 118
발해 치미 · 120

문화재청
서울 석촌동 고분군의 3호분 · 32
경주 대릉원 · 64
정림사지 5층 석탑 · 70, 96
미륵사지 석탑, 분황사 모전석탑 · 71
경주 남산 불상군 · 117

사계절
건물도, 곡예사 · 59
수산리 고분 벽화 · 81

우정사업본부

비류와 온조 우표 · 28

전쟁기념관
개마무사 · 95

한국민족문화대백과사전
황산벌 전투 그림 · 97
괘릉 무인석 · 110

헬로포토
오녀산성 · 15
황초령 순수비 · 42
황룡사 9층 목탑 · 71
첨성대 · 77
〈왕회도〉에 그려져 있는 삼국 사신 · 78
일본 고류지 목조 미륵보살 반가 사유상 · 80
일본 다카마쓰 고분 벽화 · 81
왕오천축국전 · 110
석굴암 · 115
무구정광대다라니경 · 117
석등, 영광탑 · 121

wikipedia
장군총 · 56
일본의 스에키 · 81

*이 책에 수록된 사진은 박물관과 저작권자의 허가를 받아 사용했습니다.
*이 책에 수록된 사진 중 출처가 불명확하여 허가를 받지 못한 일부 사진에 대해서는 저작권자가 확인되는 대로 게재 허락을 받고 사용료를 지불하겠습니다.